评作品　学广告

练就把脉广告的硬功夫

李明合◎编著

電子工業出版社
Publishing House of Electronics Industry
北京・BEIJING

内容简介

本书主要讲解了如何快速准确评判广告成效。一方面，本书介绍了评判广告成效的逻辑流程和方法步骤，其核心是“以GRR逻辑图为思考工具，尽可能系统化、流程化地评判广告的得失成败和策略成因”；另一方面，在介绍GRR广告作品评析工具的过程中，引入50多个基础概念、近20个典型个案、8个综合示范案例，以及一些先进的广告理念，希望帮助广告人更多地避免做出无效广告。

本书适合广告专业人士及广告专业的学生学习参考。

图书在版编目（CIP）数据

评作品　学广告：练就把脉广告的硬功夫 / 李明合编著. —北京：电子工业出版社，2019.6
ISBN 978-7-121-36565-2

Ⅰ. ①评…　Ⅱ. ①李…　Ⅲ. ①广告—效果—评价　Ⅳ. ①F713.8

中国版本图书馆CIP数据核字（2019）第092873号

策划编辑：朱雨萌
责任编辑：朱雨萌
印　　刷：北京盛通数码印刷有限公司
装　　订：北京盛通数码印刷有限公司
出版发行：电子工业出版社
　　　　　北京市海淀区万寿路173信箱　邮编 100036
开　　本：720×1 000　1/16　印张：15.5　字数：248千字
版　　次：2019年6月第1版
印　　次：2024年2月第6次印刷
定　　价：58.00元

凡所购买电子工业出版社图书有缺损问题，请向购买书店调换。若书店售缺，请与本社发行部联系，联系及邮购电话：（010）88254888，88258888。

质量投诉请发邮件至zlts@phei.com.cn，盗版侵权举报请发邮件至dbqq@phei.com.cn。

本书咨询联系方式：（010）88254750。

前言 Preface

这本书是笔者“广告作品评析”课程的教学成果，但它不是一本简单的教材。当笔者走出教室，开始认真关注身边的广告时，经常看到各种各样的问题广告，甚至无效广告。

尤其是近两年，有些广告在网络上甚至出现了“刷屏”现象，但是很明显，部分广告是存在策略缺陷，很难到达预期目的，可奇怪的是，它们依然备受推崇，即使有一些质疑的声音，也没人理会。

这些明显存在问题的广告，为何能被发布出来，甚至还备受推崇？难道广告主也是“钱多人傻”吗？难道操盘广告的人会如此缺乏专业判断力？

但无论如何，大量问题广告，甚至无效广告的存在，着实令人担忧，因为它们正侵蚀着广告主对广告的信心。这可不是小事儿。

有位资深人士曾说，他经手的广告上千则（主要是影视广告），想做出“很烂”（效果太差）的广告都很难。笔者深以为然。因为他已经具备了深厚的专业功底，可以较好地把控作品质量、评估广告效果，基本可以避免低级错误。

于是笔者想到了广告作品评析。几乎每个人都可以对一则广告评头论足一番，但未必能做到客观准确，因为评判和诊断广告也是一门学问，离不开深厚的专业功底和科学的方法。

然而，专业经验的积累需要时间和实践，评析广告作品同样离不开科学有效的方法和大量自觉的练习。

本书结合近十年的广告作品评析实践和理论探索，遵循达格玛法则（DAGMAR），提出了“目标（Goals）推定—效果（Results）判断—成因（Reasons）分析”这一作品评析法（GRR 评析法），希望能将广告作品评析活动科学化、流程化，而不再是“随心所欲”的即兴点评。

科学准确地推定广告目标，判断广告效果，并合理分析成因，以上每个环节都不容易做好，都需要坚守一些基本的广告原则和理念。

例如，评析广告作品的首要任务是明确广告的目标受众，这既需要强烈的受众意识，也需要基本的受众辨识能力，以免出现“身份错位”问题，即以个人感受代替受众感受。

在推定广告目标时，同样需要强烈的目标导向意识，应当尽可能多地收集市场情报，进行目标推导。那种忽略目标而谈广告效果的行为，无异于“耍无赖、乱弹琴”。

再如，在判断广告效果阶段，需要有清晰完整的效果观。当我们主要通过作品来判断广告效果时，有必要将效果判断设定在合理范围内，如将判断重点放在广告的心理效果层面，进而结合其他信息去判断相应层面的效果，否则就容易出现偏颇。

通过评析广告作品，有助于广告人做出更有效的广告。评广告与做广告，是相辅相成、相得益彰的。

我们有理由相信，广告作品评析可以变得有章可循，也可以经过大量的正确练习，达到快速提升个人专业素养的目的。

若我们能遵循“目标推定—效果判断—成因分析”这一内在逻辑进行评判，就可以有效发现广告中存在的问题，更多地避免问题广告出街。

愿广告界的问题广告越来越少。

目录 contents

第一章

广告界需要更多“预言帝”

广告作品评析，看似简单，实则是对专业水平要求极高的广告效果判断活动。

广告作品评析不同于广告效果测评，也不同于广告作品欣赏，它是一种更依赖个体洞察力和实践经验的专业能力，同时，它也很在乎广告实效。

外行内行，看这一点就知道了

外行看热闹，内行看门道。

功力深厚的广告人，看到一则广告，马上就可以准确指出其优缺点，甚至准确预判广告成效。

早些年，有人出差广州，偶然看到王老吉发布在户外的新广告——“怕上火，就喝王老吉。”立马就在互联网上大胆预言：“王老吉要火！”果然命中。

2008 年，某普洱茶品牌高调拿下央视黄金时段，并花巨资投放了一则电视广告。随后就有业内人士在网上撰文指出：该广告在表现策略上存在重大缺陷，“简直是拿着黄金做的弓去射泥巴做的箭”[1]。

没过多久，这则广告就停播了，可谓一语成谶。后来，该品牌又推出新版广告，不知是巧合还是虚心接受了该人士的建议，做了较大调整，但昂贵的“学费”已经缴了。

平时，一些功力深厚的医生看病，仅通过“望闻问切”，就可以把病人的病情判断得八九不离十，然后再借助现代诊断技术确诊。评析广告作品的过程也大抵如此。

评析和研判广告作品，是一种几乎随时随地都在发生着的广告活动。它可能发生在广告公司里、广告主那里，也可能发生在专业竞赛的评比现场、广告培训班和大学的课堂里。

不过，做好广告作品评析并不简单，是专业技术含量很高的活儿。评析广告作品，若想做到准确客观，需要很强的专业功力，就像名医看病，离不开扎实的专业知识、丰富的实践经验和过人的洞察能力。

可以毫不夸张地讲，能否做到科学准确地评析广告，直接体现着广告人的专业功力，也直接展现了行业水准。做好了，做到了，就可以有效提高广告效果。

但残酷的现实是，我们天天都能看到大量存在着严重缺陷的广告出现在大街上，经常有广告主为无效广告买单，一则广告刊登或播放几个月发现无效，又不得不撤换。

正因如此，我们有理由期待广告界出现更多的“预言帝”，把无效广告和问题广告，消灭在萌芽状态。

[1] 作者认为，该普洱茶的本次广告投放，等于花大价钱选择了一个大平台（黄金弓），却制作了一支低质无效的广告作品（泥巴箭）。

好广告都在大街上

广告作品评析的核心工作就是围绕特定广告作品，通过推定其广告目标和背后的商业意图，从多个层面判断广告效果，进而从整体上预判广告的成效；若需要，还可以从策略上进行成因分析。

所以，广告作品评析就是试图把握特定广告作品传播效果的一次价值判断活动，也是一次通过广告作品倒推传播策略的研习过程。

广告入门的途径很多，看书听课、一线实操、拜师学艺，不一而足。还有一种低成本、高效、便捷易用的自我进阶之法，那就是大量地评析广告作品。

处处留心皆学问，这同样适用于广告“自修”。别忘了，我们就生活在广告的海洋里。

评析广告作品是提升专业素养和实践能力的有效途径。通过评析作品学广告，已经成为业界和学界的一种共识，甚至有学者称之为学习广告的新方法——“透视广告作品学习法”[1]。

广告作品评析的对象是谁呢？广告界有句话：“好广告都在大街上，而非大奖赛现场。”这里的好广告，是指那些“值得学习的广告”。

凡是能发布出来的广告，都是值得品读、学习的，也都是值得尊重的。这是因为，凡是能发布出来的广告，都是综合了各方意见、经过了多方博弈、为响应市场挑战才诞生的。

换言之，凡是能发布出来的广告，即使没有亮眼的创意，没有优秀到

---

[1] 何辉. 从分析作品开始学做广告[M]. 北京：中国传媒大学出版社，2007.

能获奖的程度，甚至存在缺陷，也是有着强大生命力和存在合理性的，都值得品读，尤其是那些能让广告主花费大价钱并长期投放的广告，往往是能给广告主带来真金白银的“卖货”广告。

作为广告人，即使不喜欢它，也必须确信它存在的合理性。至少在一般情况下，没有哪个广告主愿意赔本赚吆喝。

学会向出街广告学习，坚持评析出街作品，是广告人领受市场竞争气息、洞悉广告传播智慧、感知行业生态、快速自我进阶的有效途径。

广告没有绝对的好坏，也没有绝对的成败，只有不完美和非常不完美。因此，所有出街的广告，都值得我们去品评、解析和学习。

评析广告是快速提升专业功力的“方便法”

评析广告是专业性非常强的研判活动。这决定了广告作品评析的主体必将是营销传播界的专家学者和从业人员。

广告人应该是最主要的评析者。一方面他们具有丰富的专业知识，另一方面他们本身就是广告的创作者，没有人比他们更了解一则广告是如何被创造出来的，也没有人比他们更清楚广告作品背后的策略意图。

虽然广告主有可能不直接创作广告，但他们却对广告握有生杀大权。他们对广告背后的商业意图、实际效果最有发言权。即使一张传单，其背后也必有广告主的商业意图和传播理由。

另外，营销传播界的专家学者也往往以个案或专题的形式，预判广告效果，分析传播策略，具有较强的系统性和专业性。

综上，广告作品评析的主体主要是广告人、广告主、营销传播界的专家学者等，但核心主体应是广告人。评析广告应该成为广告人的日常必修课和一种专业能力。

日常生活中，之所以很多人把“广告作品评析”与“广告作品赏析”混为一谈，就是因为没有把评析广告上升为一种专业能力去看待。其危害就是，有时广告创意美轮美奂，或者制造出“刷屏级”的营销事件，实际效果却惨不忍睹。更要命的是，当事人（广告主和广告人）可能还在举杯欢庆。

为了广告人的荣誉，作为广告人，有必要吹毛求疵，只有在一次次发现问题、分析问题和解决问题的广告评析中，才能提升和展现自己的专业价值。

广告人的尊严，只能从持续提供有效广告的服务中获得。

广告作品评析不同于广告效果测评

广告作品评析与广告效果测评，极为相似，但略有不同。

广告效果[1]是指广告经过传播对其接收者所产生的综合效应，是广告信息在传播过程中所引起的直接或间接变化的总和，具有复合性、累积性、延迟性等特点。

从作用层面看，广告效果可以分为心理效果（接触效果）、经济效果（销售效果）和社会效果。

---

[1] 广告效果还有一层含义，即广告活动目标的实现程度。本书更倾向于将广告效果理解成一种客观结果。由于我们无法知晓具体的广告目标，也无法掌握客观的广告效果，都只是推测，所以对广告作品评析者来说，广告目标更多的是判断广告效果时的一种指引和参考，以此知道评析关注的重点在哪儿。

从发生时间上看，广告效果可以分为预设效果、短期效果、阶段效果和长期效果等。

平时，我们习惯从作用层面评析一则广告。其中，心理效果是广告在人们感知产品或品牌方面所产生的影响，常常包括感觉、知晓、理解、记忆、情感、态度和行为意愿等。

心理效果由于相对比较容易衡量，衡量手段也相对成熟，而且是产生其他广告效果的基础和前提，所以也是广告效果判断关注的重点。

经济效果主要是指由广告活动引发的商品销售，以及企业市场和利润的变化程度，主要包括销售效果和市场占有率等。

经济效果是广告主最看重的。但由于决定经济效果的因素太多，所以虽然结果直观，但若要探究其背后成因，则复杂得多，只关注广告是不够的。

无论如何，强烈的效果意识应该成为广告人必备的专业素养。

下面就说说广告效果测评。它是运用科学的方法，来确证广告综合效应的一项调查活动。简单来讲，就是“要了解消费者对广告的反应如何”[1]。

测评广告效果时，通常会设置严谨的指标体系，通过实验、问卷、访谈或实地观察、大数据等方法，测评广告效果。

广告效果测评与广告作品评析，二者有相似之处。

第一，二者的关注点都在广告效果的判断上，都在努力判断广告的真实成效，并以此做出后续决策。

第二，二者都需要高度的专业性和科学性，都离不开深邃的专业洞察力。

但二者也存在显著差异。

广告作品评析，更侧重于对广告效果的推断，即基于经验和必要的数据及其他市场信息，对广告效果进行主观判断。它可以看作判断广告效果

---

[1] 丁俊杰，康瑾. 现代广告通论[M]. 北京：中国传媒大学出版社，2007.

的"方便法"。

广告效果测评，是一项科学严谨的追求客观真实的广告调查活动，通常需要投入较大的人力、物力、财力和时间资源，通过分析一手资料，了解广告成效。它可以看作判断广告效果的"专业法"。

广告效果测评通常分为定性研究和定量研究，测评对象主要包括广告作品测评、媒体效果测评和广告活动测评，从时间段上又可以分为前测、中测和后测。本书所讲的广告效果测评主要是指广告作品效果测评。

可见，广告作品评析可以看作广告效果的经验性判断，而广告效果测评则是广告效果的数据性验证。

广告作品评析高度依赖个体的专业经验、分析逻辑、直觉与洞察力，广告效果测评高度依赖系统投入、规范操作和一手数据。

由于现实条件限制，广告作品评析在实践中运用起来更容易。

例如，即使广告效果测评，通常也需要借助个人经验、分析逻辑、推理能力甚至直觉去预设问题，判断调研样本的科学性、调研数据的真实性、调研结论的可靠性，并且合理地解读数据。

广告作品评析不同于广告作品赏析

广告作品评析与广告作品赏析，虽一字之差，却有着本质区别。

广告作品评析与广告作品赏析的差异，主要体现在分析对象、分析目的和专业深度上。

广告作品评析的重点是"评"，通过分析作品实现广告效果的判断，甚至据此修正决策，或者提升个人专业水平。这一点决定了广告作品评析的对象可以是任何广告：

（1）既可以是影视广告，也可以是平面广告、软文广告。

（2）既可以是大品牌的广告，也可以是小广告或新品广告。

（3）既可以是经过市场验证的成功广告，也可以是失败广告。

（4）既可以是获奖的优秀广告，也可以是充满争议的问题广告。

（5）既可以是十年前的老广告，也可以是即将出街的新广告。

是的，你没看错，是任何广告。任何广告都可以成为评析的对象。

广告作品赏析的重点是“赏”，通过分析作品进行创意欣赏，追求的是潜移默化的创意启发和艺术熏陶，以获取灵感、积累素材为目的。所以，很多时候我们称其为一次大脑的创意之旅，一场创意的饕餮盛宴。

上述特点决定了广告作品赏析的对象，主要是被认可的优秀或经典的广告作品，尤其是当下国际或国内广告大赛中创意出彩的获奖作品，或者是一些市场反响强烈或舆论关注度高的“人气广告”。

由于创意具有显著的艺术性、时代性、趋势性，所以广告作品赏析的对象大多是新广告。为了学习借鉴，很少有人会去欣赏十年、二十年前的广告，也很少有人会去欣赏一些普通广告、问题广告或失败广告。

从专业深度看，广告作品赏析通常更随意些。它可以从任意角度，就任何一点，对广告作品进行欣赏，不太在乎逻辑的严密性和分析的系统性，而这一点却是广告作品评析最看重的。

所以，很多时候进行广告作品赏析，就是简单描述作品内容和创意思路，甚至什么都不说，直接感受作品就行了。

以平面广告为例，可以从创意概念、构图方法、修辞手法、叙事策略、诉求方式、视觉语言、意识形态、人物形象、消费文化等任何角度进行欣赏。

以影视广告为例，广告作品赏析甚至可以只关注视听语言的一个方面，如：①镜头（景别设计、镜头运动方式、镜头切换技巧等）；②灯光与色彩；③后期特效；④听觉语言特色；⑤新颖的蒙太奇表达方法。

显然，广告作品赏析的主要目的是学习借鉴，广告作品中的任何亮点都可以成为关注重点，而广告的实际效果反倒没那么重要。

下面说说二者在认知层面上的差异。

如果把广告活动分为看得见的部分和看不见的部分，那么看得见的部分主要是广告作品，看不见的部分主要是广告策略。

广告作品评析主要通过看得见的部分，去分析看不见的部分，关注重点在看不见的部分，而广告作品赏析则主要关注看得见的部分。这或许是二者最大的不同。

通过评析广告能获得什么能力

要想把广告作品评析作为一种专业技能，设计成一门课程，就需要回答三个问题：第一，训练目标是什么；第二，训练内容是什么；第三，如何实施。

现在不妨模拟一个场景，请广告初学者或从业新手做个自我测评。

如果给你一则广告作品：

（1）你能否合理准确地推定广告目标，并洞悉背后的商业意图？

（2）你能否第一时间准确地判断该广告的目标受众？

(3) 你能否客观评判该广告的各项心理效果，预判其整体效果?

(4) 你能否指出广告背后的策略缺陷或高明之处?

实践表明，即使从事广告实践多年的资深人士，要想高质量地回答好这些问题，也并非易事。

要想专业地评析一则广告，需要广告人具备相当的专业知识，掌握必要的背景信息，以及熟练的评析逻辑和技巧，需要心中有杆秤，秤杆上醒目地刻着广告目标、目标受众、广告效果、广告策略等准星。

作为一项专业能力，广告作品评析的能力体现在两个层次。

一是初级能力，即知道如何评析广告作品，具体表现是：

(1) 初步拥有完善的专业知识体系。

(2) 能够运用必要的调研工具和分析手段，遵循严谨的逻辑体系进行分析。

(3) 能够大致判断各个层面的广告效果，甚至预判广告成败。

(4) 能从策略上分析其成因，并给出合理建议。

相对来讲，经过一段时间的学习和训练，大部分人可以掌握这种能力。

二是高级能力，即仅凭个人的专业经验和行业洞察力，就可以轻松客观地判断各层面的广告效果，并能准确预判其最终成效，就如本章开篇所举的那几个例子。

通常，要想练就高级能力，离不开长期的实践积累、持续不断的训练和学习、丰富的人生阅历，以及过人的悟性和洞察力。这不是一朝一夕的事，甚至不是谁都可以拥有这般功力的。

广告评析的重点

若以具备初级能力为广告作品评析的训练目标，那么可以从两个方面着手：一是掌握系统化、结构化的广告评析方法，二是大量地评析真实案例。

为了让广告作品评析训练变得有章可循，本书专门开发了一个系统化、结构化的广告作品评析工具——“目标—效果—成因”评析法。

因为“目标”对应的英文是 Goals，“效果”对应的英文是 Results，“成因”对应的英文是 Reasons，所以又称 GRR 广告作品评析法。

简单地讲，“目标—效果—成因”评析法，就是按照“目标推定—效果判断—成因分析”的逻辑，去评判广告作品效果的简易分析法。

针对案例评析训练，可以通过不同主题、不同案例、不同形式的评析实践，学会运用“目标—效果—成因”评析法，并最终具备评析广告作品的初级能力。

总之，广告作品评析是一项看似简单、实则专业要求极高的广告价值判断活动。

广告作品评析不同于广告效果测评，它是更依赖个体经验的判断广告效果的“方便法”；它也不同于广告作品赏析，它不但关注广告创意，更在乎广告的真实效果。

广告作品评析是一种专业能力。广告人应当不断进行自我训练，提升广告作品评析的功力。整个广告行业，也有必要一起努力，将广告作品评析科学化，使之成为提升广告人专业素养的便捷手段。

第二章

好学实用的

目标—效果—成因（GRR）评析法

广告作品评析常常面临各种困境和误区，为此，笔者经过十年教学研究和广告评析实践，梳理出一套好学实用的广告评析方法——“目标—效果—成因评析法”（简称“GRR 广告评析法”）。

该方法所确立的广告评析流程为目标推定、效果判断、成因分析，也将构成本书的基本逻辑框架。

评析广告不该“公说公有理，婆说婆有理”

广告评析的主体是广告人、广告主和营销传播界的专家学者。但在实践中会发现，不同主体在评析广告作品时，因为立场不同，动机和侧重点也会不同，由此导致评析广告的标准差异巨大。

以广告人为例，常见的动机和标准可以概括为：取悦客户以获取业绩、推崇原创以彰显实力、获得行业大奖以脱颖而出。

创意能力通常是衡量一家广告公司或一名广告人业务能力的主要标准。对广告公司而言，创意能力意味着业务，对广告人而言，则意味着升职加薪、功成名就。

“好广告自己会说话”有两层意思：一是好广告能卖货，二是好广告能彰显广告人的创意水平。所有广告人都需要一些“会说好话”的广告。广告界屡禁不止的“飞机稿”[1]，就集中体现了这一点。

再以广告主为例，常见的动机和标准可以概括为：不管是产品广告还是形象广告，都要有效，一切都是为了最终拿下市场。

现代管理学之父彼得·德鲁克有句名言：“任何企业都有且仅有两个基本功能，那就是营销与创新。”不管是营销还是创新，最终的指向都是市场。

赢得消费者和市场，是企业的生存之道，所以，企业的任何经营行为都必须以此为终极目标，包括营销传播的重要工具——广告。

有效、能卖货，之所以能成为大多数广告主判断广告好坏的首要标准，甚至唯一标准，这与国内残酷的市场竞争环境不无关系。

在中国，大量本土中小企业不是比拼谁的品牌形象更完美，而是比拼发展速度和规模，也就是必须先“活命”再论其他。若不顾实际情况，对短期经济回报重视不够，那么很多企业就会在能够享受塑造品牌的好处之前倒下。所以，当客户要求“在广告的前 3 秒就出现产品”或者“15 秒内必须出现 5 次产品名称”时，最好先不要埋怨客户。

为了有效、能卖货，很多广告主都希望他的广告是安全、稳妥的，可以在创意上平庸一些，甚至庸俗一点。这也是为什么一些创意人在提案时会做“两手准备”：准备一套自己非常满意的“大创意”，同时还会再准备一套“保守的创意”。有意思的是，客户通常会选择后者。

讲了广告人和广告主对待广告的不同立场、动机和判断标准，是不是

---

[1] “飞机稿”指由于沟通不畅，理解有误，或者因为设计师水平的问题，无法得到客户认可，只能废掉的设计稿。

觉得评析广告作品简直就是“公说公有理，婆说婆有理”呢？其实不然。

在这些差异和纷争背后，一定有着需要共同遵守的评析广告的逻辑标准。这个逻辑标准到底是什么呢？

评析广告的标准和尺度把握起来并非易事

评析广告时，除不同人的立场标准不统一外，即使都是广告人，评析一则广告的结果也可能出现较大差异。为什么会出现这种情况呢？因为评析广告的标准尺度，把握起来并非易事。

在早些年的某届金犊奖评比中，有一则关于“动感地带”的影视广告，以聋哑人用手机开展辩论赛为创意点，长达 60 秒的广告始终没有声音，制造出悬念效果，让人耳目一新。若没记错的话，该广告在初评时获得单项大奖，但在复审时却只获得优胜奖。

无独有偶，在后来的某届金犊奖评比上，有一则为卡尼尔美白产品做的平面广告也出现了类似的情况。这幅作品以“男人都是‘白痴’”为创意点，在初评中脱颖而出，评价很高，而到了最后复审时却只获得优胜奖。

究其原因会发现，这些广告作品都是创意概念新颖独到，让人耳目一新、印象深刻的，但是距离真正能够发布，还有一段距离，甚至只是素材阶段，还算不上真正的广告作品。究其根本，是因为它们还存在着策略性缺陷。

以美白产品为例，其目标人群是 18～35 岁、对美白有需求的年轻女性。这个人群有主见，积极向上，对生活有要求，对事业有追求，并且崇尚天然、自然的生活及护肤方式。所以要求广告的传播调性是天然、健康、美丽。

参照真实的品牌传播策略就会发现，上述获奖作品很显然胜在概念——“男人都是‘白痴’”。该诉求点可谓简单明了、幽默风趣，直抵女人美白的动机之一，具有相当的洞察力，但它要真正投向市场，恐怕还是有不少问题的。

首先，纯文字的平面能吸引目标人群吗？在沟通调性上已然失败（这一点通过比照当时真实发布的广告就可以看出）。

其次，它没有体现产品的纯天然特性，没有突出“天然健康”的护肤理念，也没有把实实在在的利益点（如美白效果）展示给受众。这样的广告，消费者会买账吗？不会！

在金犊奖的这两个案例中，针对同一作品的评选结果却差异巨大。这也多少说明广告评析的标准把握起来并不容易，具有相当的弹性和主观性。

当你侧重创意技巧、旨在鼓励原创时，是一种结果；当你试图对标广告主的真正需求、力图做出有效的广告时，可能会出现另一种结果。只是就金犊奖而言，从评选结果的权威性上讲，最终的评选结果应该更专业科学，更贴近市场。

不难看出，金犊奖终审时对广告作品的评析，开始从对创意的偏爱，回归对实效的重视，这无疑是正常的。

无论如何，有一点希望能在业界达成共识：通过评析广告作品，应该有助于提升个体的专业水平和广告行业的整体水平。

评析广告时很容易犯的四种错误

在评析广告时，大家很容易犯一些低级错误，尤其是一些初学者。

一是在评析广告时"身份错位"，以个人感受代替受众感受。

很多初学者对广告的误解很深，与普通大众一样属于"看热闹"型，认为脑白金的广告庸俗，恒源祥的广告"雷人"，BOSS 直聘的广告"洗脑"……却忘了自己是广告人，应该用专业知识去"看门道"，而不是一不小心用自己替代了广告的目标受众。

拿早些年的脑白金广告来说，在网上批评其庸俗的人又有多少是其目标受众呢？恐怕很少。

事实上，很多中小城市甚至乡镇的店铺里，到处都是"脑白金"，而且销售还不错。更有意思的是，我亲眼所见、亲耳所闻，有人看到脑白金广告时，竟会乐呵呵地说："这广告挺幽默的。"

他们并不觉得"脑白金"广告庸俗。庸俗与否并不重要，重要的是谁是目标受众。所以，若你不是目标受众，请慎言该广告。

早些年还有一个典型案例，就是"玩味无穷"彩虹糖的系列影视广告[1]（见图 2-1）。笔者曾与孩子（5 岁）一起看过这些广告，个人觉得这则广告做得还不错，孩子看了也很喜欢，甚至看了广告之后每次从超市门口经过都要嚷着买一包"彩虹糖"，可见该广告的威力。

图 2-1 "玩味无穷"彩虹糖的系列影视广告截图

[1] 2010 年马氏公司推出的"玩味无穷・彩虹糖"系列影视广告有三个版本，分别是"心跳彩虹篇""哭出彩虹篇""听出彩虹篇"。根据彩虹糖的战略调整，将品牌重新定位，以青少年为目标消费群体，通过与他们生活情景相关的电视广告和网络活动阐释志在为青少年枯燥生活带来乐趣的品牌主张。所以，当这些有点儿"特别"的广告出现时，可能会让一些成年人尤其是家长觉得不舒服。

然而，笔者在网上却看到很多批评的声音，如有人认为这些广告“很变态”，把“玩味无穷”建立在别人的痛苦上；也有人认为这些广告缺乏道德底线。

那么，到底这则广告是好还是不好呢？是成功还是失败呢？到底谁说了算呢？

当评析一则广告时，要学会先进行“身份鉴定”，看自己是不是目标消费者。若是，那么你的广告体验就具有一定的代表性。若不是，那么请尽量别妄下定论，应该拿出专业标准，做一个理性的旁观者，学会“置身事外”，多问目标受众的感受，多听听他们的意见反馈。

所以，当有人面对一则广告，一开口就问“这个广告是成功还是失败”，或者说“我喜欢（或不喜欢）这个广告”时，就知道他还没有入门，因为内行人是不会这样问的，也不会这样说。

广告失败与否，哪有那么简单就可下结论的？你喜欢与否，又有什么关系呢？去问问目标消费者，听听他们怎么说吧。

二是评析广告时容易被大众的“舆论审判”所裹挟。

所谓“舆论审判”，就是以网民为代表的大众对一些广告的态度和评判。

网络上经常出现一些有趣的现象，如每年都会有人推出所谓的“年度十大经典广告排行榜”，以及“年度十大恶俗广告排行榜”。曾有一家公司竟然发现自己创作的广告中，既有上“经典榜”的，也有上“恶俗榜”的，但问题是这些广告都很成功（市场反应好）。

像前文所说的彩虹糖系列影视广告，对其发出负面评判的大多是普通网民，他们的评价和态度并不能体现广告的真实传播效果，专业评析者更不该将这些声音作为评析广告的重要参考依据。广告人要无比清醒，要清楚是什么人，在用什么标准评析一则广告。

很多网民并不是广告的目标受众，其感受和评价不具有直接的参考价值，如旺旺食品的许多广告的遭遇就是如此。正所谓“看热闹的不嫌事儿大”，大众喜欢抓住一个有争议的广告使劲“吐槽”，但是这种宣泄并不代表目标受众对广告的真实态度。

面对有争议的广告，广告人必须静下心来，不可随波逐流，被舆论裹挟，要学会透过现象看本质，洞察“普通”创意背后的高明之处。

三是评析广告时容易被所谓的“专家观点”误导。

网上有很多广告人操刀的文章，貌似是在评析一则广告，实则是在“二次传播”，为自己的客户做宣传。

这类文章虽然有着扎实的“背景”，甚至貌似有客观的市场数据做支撑，但实际上水分很大，其动机决定了文章的客观性较差。他们只愿意说出一半真相。

四是评析广告时容易将“评析”变“赏析”，眼里只有创意没有策略。

只欣赏获奖广告是初学者最常见的广告学习误区。当然，多欣赏获奖广告也是必要的。很多获奖作品，追求的是创意概念上的突破，不以获得客户和市场认可为第一目标。

若只接触那些获奖作品，必将是“误导”大于“指导”的。常见的后遗症就是，一说做广告，就开始天马行空地琢磨创意，足不出户，闭门造车，一味回想经典，极力模仿，大肆玩创意。

这表现在评析广告上，就是只关注创意表现而忽视传播策略，导致大量“万金油”广告（就是换个 LOGO 谁都可以用的广告）得到肯定和褒奖，而没人去关注其创意表现与品牌、品类，以及和消费者之间的关联程度。

广告评析的科学性有待提高

系统化和公式化是科学性的主要表现，可检验和可预测是科学性的核心特征。让广告作品评析活动变得流程化、系统化，以及可检验、可预测，也正是本书努力要做的事情。

当前国内评析广告最缺的就是科学性。到目前为止，广告评析基本上“各自为政”，不管是业界还是学界，都没有提供一套规范系统、行之有效、便于操作、被广泛认可的训练方法和操作套路。

在业界，经常发生关于广告评价的“口水战”，因为双方意见相左，差异极大。2009 年就发生过一起。

首先是一位广告人在某平台发了一篇题为《“我要冰+”一句多么幼稚的广告语》的文章，主要观点是产品名称不好，叫“冰+”不如叫“冰果”更能体现产品特色；再者就是广告语空洞，“我要冰+”没有号召力。所以，结论是产品卖得不好，等等。作者介绍说自己正在做冰淇淋市场的终端调查，所言不虚。

紧接着，作为该广告主创人员之一的一位广告人，立即进行了“激烈”的反击。之所以说“激烈”，是因为他反击的标题就叫《反驳×××“我要冰+”的幼稚与无知》，主要观点是对方连广告语都分不清，因为该广告真正的广告语是“冰加水果，快乐加我”，“我要冰+”只是消费主张。另外，据该作者透露的数据显示，产品市场反响不错。

其实细究之下就会发现，他们的分析逻辑、出发点、侧重点各有不同。“冰+”广告是导入期的新品广告。所有广告评析的逻辑起点应该是传播目标，并由此判断其效果和市场成败。

放眼学界也会发现，大多所谓的“广告作品评析”实际上还是偏重于广告欣赏，多以描述和分析广告创意本身为主，很少真正关注广告的真实效果和涉及策略分析。

总之，让广告作品评析变得科学专业、有章可循、规范可操作，依然任重而道远。这也是本书试图提出一套评析广告作品的方法体系的直接原因。

基于达格玛法则的 GRR 广告评析法

熟悉的未必真懂。评析广告也是如此。现在随便拿出一则影视广告，让你看两遍之后去评价它，你该如何评价呢？

你可以描述广告的创意亮点和表现思路，可以就广告背后的伦理道德问题发表意见，可以就广告效果做出个人判断，也可以就广告成败给出预判。

但问题是，你的逻辑起点是什么？评判标准是什么？评判角度有哪些？评判的客观性有多强？有多少个人情感体验和经验偏见在里面？

若深入研究就会发现，评析广告作品并非易事，一不小心就会犯一些低级错误，正如前文总结的四种情形。

很显然，当我们评价一则广告好或不好、具体效果如何、成功或失败时，必然涉及评判的基本原则和逻辑起点。

在 GRR 广告评析法中，评析广告所依据的法则是达格玛（DAGMAR）法则。

达格玛法则是 Defining Advertising Goals for Measured Advertising

Results（意思是“为测量广告效果而设定广告目标”，也有人译为“制定广告目标以测量广告效果”）的每个单词首字母缩写后的音译。

达格玛法则由美国广告学家 R.H.柯利（Russel.H.Colley）于 1961 年提出，又称柯利法则，是目前广告界认可度最高的广告效果评判法则之一。该法则为客观评定广告效果提供了一个可行的测定依据，不过也有局限性，那就是该法则侧重于判断广告的心理效果。

GRR 广告评析法就是遵循达格玛法则，按照“目标推定—效果判断—成因分析”的内在逻辑，以流程化、结构化的方式评析一则广告的方法。

所以，评析一则广告时，需要从目标推定到效果判断，再到成因分析，GRR 广告评析法遵循着严密的评析逻辑（见图 2-2）。

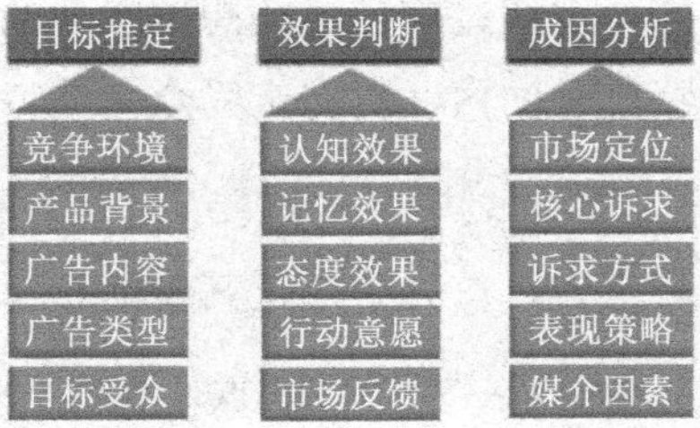

图 2-2　GRR 广告评析逻辑图

GRR 广告评析法的逻辑起点是：若广告的最终效果达到了预设目标，就可以说这则广告是成功的；若没有达到，就可以说这则广告或这次广告活动是有问题的，或者失败的。遵循这个思路，再去探究问题出现的原因，并提出改进建议。

这个方法的好处是，一旦掌握了这套分析逻辑，就不会被每则广告的具体问题所迷惑和困扰。所有广告都可以套用 GRR 广告评析逻辑，分步分层逐一解析，既能抓住要害，又可以避免以偏概全或顾此失彼，加之采用必要的微调研方法，就可以确保广告评析尽可能客观准确。

GRR 广告评析法的步骤和关键点

在 GRR 广告评析中，第一步是目标推定，第二步是效果判断，最后一步是成因分析。这三步环环相扣，有着严密的内在逻辑。

第一步：推定广告目标（Goals）

广告是为了特定目的，通过一定形式的媒介，公开而广泛地向公众传递信息的一种宣传手段。广告的本质决定了广告传播必然目的性很强，会有自己的传播目标。

广告传播目标是广告主通过广告活动想要实现的目的和意图，再具体讲就是广告主希望在特定时间内，对特定受众完成特定的信息沟通任务。

确定广告目标，在广告计划中至关重要，也是为整个广告活动定性定调的环节。欲评析一则广告，首先要知道其传播目标。

然而，非当事人无法确知一则广告的真实意图，更不要说具体的传播目标了，此时就需要发挥主观能动性，从竞争环境、产品发展周期、广告内容和广告类型、目标受众，甚至广告发布的渠道、时机等背景，推断其可能的传播目标。

其中，确认目标受众（通常也是目标消费人群）是评析广告作品极为重要的前提。只有清楚了目标受众，才能准确判断其市场定位是否清晰或科学；只有清楚了目标受众，才能知道广告到底是在与哪些人对话，才能设身处地地判断受众的广告体验，否则就容易“身份错位”。

所以，在第一阶段，广告作品评析有两项关键工作。

（1）分析广告背景，确认目标受众。

（2）推断广告目标，并进行分解排序。

广告目标通常是复合多元的，有主次之分。所以，评析广告时，需要先推定广告的大体目标，然后尽量推定相对具体的传播目标，便于确认哪些目标实现了，哪些没实现。

第二步：判断广告的心理效果（Results）

效果判断是最考验广告人功力的地方。针对具体的效果指标，给出判断结论，是在及格线之下还是之上。

心理效果是广告效果的重要组成部分，一定意义上也是经济效果的前因，是左右经济效果的重要因素，所以做好心理效果判断有助于预测经济效果，并最终预判广告成败。

达格玛法则所强调的广告效果主要就是心理效果，而不是经济效果（销售效果），所以效果判断的重点也是心理效果，即认知、态度、记忆、行动意愿等。有时还可以参考产品的真实市场情况，以确认广告的整体效果。

明确广告传播目标后，就需要逐项判断目标受众的认知、记忆、态度、行动意愿等心理层面的关键反应，如目标受众是否能看懂这个广告，是否认可这个广告等，进而预测目标受众在行为层面的反应，以此判断广告目标的达成情况。

所以，在第二阶段，广告作品评析有两项关键工作。

（1）认知与记忆效果判断。

（2）态度与行动意愿判断。

作品评析中的广告效果判断，不同于广告效果测评，更多基于个人经验和简单的调研，具有很强的主观性，对个人的知识结构、专业素养、实践经验、认知能力、研究技巧等依赖度较高。

此外，开展一些微调研也是必要的。纯主观判断容易缺乏说服力，若能借助一些巧妙合理的研究手段，往往可以获得意想不到的论证和判断依据，如独特行为观察、“临界点”访谈、实验对比等。

第三步：分析成因（Reasons）

效果判断之后是成因分析。这是一个由表及里、由创意到策略、由心理结果剖析策略成因的过程。

若一则广告在效果判断中被认定是有问题的，那么，哪些方面有问题？或者哪些问题比较突出？主要原因又是什么？等等。对于这些问题，有必要从广告策略层面进行分析，若需要，还要拓展到传统的“4P”层面进行分析。

这个过程就像警察破案，需要综合各方信息，剥茧抽丝，层层解析，最后揪出元凶以及从犯。

在第三步中，有七个关键问题需要关注。

（1）广告中的品牌名称有没有问题？

（2）广告受众背后的市场定位对吗？

（3）广告诉求点准确体现产品定位了吗？

（4）广告诉求方式合适吗？

（5）广告文案足够精准吗？

（6）广告“人物”符合策略吗？

（7）考虑媒介投放因素了吗？

需要强调的是，在成因分析部分，并不需要对所有传播策略逐一分析，应该有针对性地做重点分析。所以，在有些广告作品评析中，重点分析某个方面的策略因素就够了。

以上三大步骤、十一个关键问题，正是GRR广告评析法的核心逻辑和主要内容。不过，在具体开展评析时，以上步骤和关键点更多的是提供思考的底层逻辑，不要生搬硬套，一一对应着来，如很多时候会把效果判断与成因分析合在一起讨论，而且分析完了还会顺带提供一些解决方案。

综上，GRR 广告评析法基本上就是遵循达格玛（DAGMAR）法则和“目标—效果—成因”逻辑，经过目标推定、效果判断、成因分析三大步骤，着重对其中的十一个关键问题进行分析判断，最终预判广告成败并分析策略成因的一套结构化方法。

当然，没有人可以完美地评析一则广告。只要是评价，必然带有个人主观色彩和认知局限。

第三章

GRR 广告评析第一步：目标推定

广告作品评析的第一步，就是要分析广告背景，以此确认目标受众和广告目标，洞悉广告背后的真实意图。

确认目标受众是评析广告效果的前提

评析广告作品，首先必须学会提出和回答一个问题：这则广告是给谁看的（广告目标受众是谁）？

这个问题的本质，就是明确或确认广告的目标受众。

在这里，受众指一切信息传播活动中的信息接收者。广告作为一种信息传播活动，同样由传者、媒介、信息、受众和效果构成。

在广告传播活动中，每则广告都有其受众，即该广告的主要传播对象和信息接收者。

影响目标受众接收信息的因素包括心理预设、文化背景、认知、记忆、动机、情绪、态度等。

例如，受众在接收信息时常常体现出一系列的“选择性”规律，如选择性接触（关注）、选择性理解、选择性记忆、选择性传播。正是这种信息接收特点，构成了对广告传播效果的考验。

作为广告人，自身未必是目标受众，个人的广告感受更无法代表目标受众的感受，所以要有清醒的“身份意识”。

只有明确了真实受众，才能设身处地，尽可能站在目标受众的立场，设身处地地去感受和思考。

实际上，确认目标受众不但是评析广告的逻辑起点，而且是判断广告效果的逻辑起点。离开了这个逻辑起点去评析，不是南辕北辙，就是无功而返。

2008 年，有一个著名的广告案例，就是阿迪达斯的 2008 年奥运广告“一起 2008，没有不可能”（见图 3-1）。该奥运主题广告，先后拿了无数的国际大奖，如中国广告参加戛纳广告节 13 年来的第一个金奖，在接下来一段时间内可谓“拿奖拿到手软”。

那么，这个广告的真实传播效果如何？按理说，应该不错。但有意思的是，后来某调研机构就 2008 年奥运期间各个品牌的广告效果进行了调研。在这里简单介绍几组该机构 2007 年 6 月调研的数据。

图 3-1　阿迪达斯 2008 年奥运平面广告截图

第一组数据：奥运赞助企业品牌认知度排名。受访对象对奥运赞助企业品牌认知排在前 10 名的分别是中国移动、可口可乐、联想、中国网通、中国石化、伊利、海尔、VISA、阿迪达斯、青岛啤酒。阿迪达斯只排名第九。

第二组数据：消费者认为的北京2008年奥运会“赞助商”。

消费者认为的北京2008年奥运会“赞助商”品牌前10名，分别是李宁、中国移动、中国银行、可口可乐、海尔、中国联通、蒙牛、伊利、阿迪达斯、联想。阿迪达斯又排名第九。

事实上，除李宁外，中国联通、蒙牛、耐克、中国工商银行、中国电信、建设银行、中国人寿、中国平安、百事可乐、太平洋保险都不是2008年奥运会官方合作伙伴或赞助商，但正如广告人叶茂中说的：“很多消费者不知道谁赞助了奥运，只是感觉谁赞助了奥运。”

第三组数据：消费者“认为有吸引力的奥运广告创意”排名。

从品牌来看，提及较多的依次为VISA的两则广告、伊利、可口可乐、中国联通、蒙牛、伊利、中国移动、阿迪达斯、李宁等，与上面提到的消费者对奥运赞助商的认知情况基本一致。阿迪达斯还是排名第九。

若只看本次调研数据会发现，阿迪达斯的广告传播效果似乎并不理想，甚至不如一些非赞助商，或者一些本土竞品。那么实际情况是这样吗？或者上述数据可靠吗？

其实，上述数据在两方面是存在问题的。

第一，没有区分广告的目标受众。本次调研虽然是事关中国网民有关奥运营销效果的调研，但是被调研的对象却是所有奥运会参与企业，受访对象（样本）一样，直接忽略了“每个品牌都有特定受众”的事实。从这个角度来讲，本次调研一开始就是不科学的，甚至是错误的。不基于目标受众而进行的传播效果测评和判断是无意义的。

第二，没有考虑广告曝光量。俗话说，广告是重复的艺术。一则广告的投放力度会直接影响广告的传播效果。在不掌握每则广告投放量的前提下，就这些广告的传播效果进行调研对比，同样是不科学的。

由此可见，做一次广告效果的调研，尚且需要明确广告受众，更何况开展一次广告传播活动呢？！

当然，也不是说上述调研数据完全没有参考价值。整体来说，一个“拿奖拿到手软”的广告，获得上述结果，多少让人有些意外。

一个小游戏判断你有没有受众意识

树立受众意识既是评析广告作品的有效前提，也是广告人必须具备的专业素养。没有受众意识，就无法客观有效地评析广告。

道理都明白，但是当真正面对一则广告作品时，很容易忘掉目标受众，陷入自娱自乐之中。对此，笔者专门设计了一个游戏：猜猜孩子喜欢哪个玩具。

这个游戏既为了检验大家的受众意识，也为了提醒和强化受众意识。游戏一开始，就是一个大陷阱。

第一步：游戏开始前，笔者将展示自家孩子的玩具，分别是尤克里里、恐龙、音乐盒子、遥控工程车、冲锋枪、乐高积木等。

第二步：逐一演示它们的操作玩法，每个都很有趣，甚至还让参与游戏者动手玩一下。

其实这些动作就像魔术中的各种障眼法，为的就是转移注意力，淡化训练主题，让参与者逐渐忘掉“受众”，把注意力放在玩具上。就在此时，突然提出一个问题。

第三步：突然让大家猜猜看，笔者的孩子会喜欢哪个玩具?

经过演示，很多参与者会根据玩具的好玩程度及个人的喜好，直接说出个人的猜测答案，有人认为音乐盒子会受欢迎，有人认为遥控工程车会受欢迎，也有人认为乐高积木更好玩，但大多数参与者都忘记了这是某个孩子的玩具，更不会意识到这可能是两种性别、年龄不同的儿童的玩具，从而掉入“陷阱”。

第四步：开始提醒大家，知道孩子是男孩还是女孩吗？知道孩子的年龄吗？这些最基本的信息都没有问，怎么就可以有正确的判断呢？

第五步：经过提醒，大家才突然惊醒，纷纷开始询问上述问题，至此才开始重视其“受众”。

实际上，这些玩具既有男孩的，也有女孩的，既有低龄儿童的，也有高龄儿童的。若参与者不问几个问题，是无法做出合理判断的。这就是典型的缺乏“受众意识”的表现。

凡是直接说出自己猜测结果的人，已经犯了一个错误，那就是以个人喜好来替代“受众”的感受。

当然，其实这里的“受众”并不是严格意义上的广告受众，只是玩具的主人公（消费者），但说明的道理是一样的。通过这个互动游戏，直观生动地体验了“什么是缺乏受众意识”，从而提醒大家：**明确目标受众是评析广告的前提，这应当成为评析广告的本能反应。**

再举一个例子，你就更容易明白受众意识的重要性了。

比如，现在五岁的儿子突然问：“爸爸，什么是死亡？”

别以为不可能，这个问题随时会从一个小孩子的嘴中冒出来，而且会让很多家长猝不及防，难以回答。

但孩子就是这么突然而又认真地问了这个问题，该如何回答他呢？

现在有下面几种答案，你觉得哪句适合回答孩子呢？

(1) 死亡是生命系统所有的本来的维持其存活属性的丧失且不可逆转的永久性的终止。（学术意义上的死亡）

（2）死亡不是你自己，而是你对于旁观者才死的。（哲学意义上的死亡）

（3）死亡就是人的灵魂离开了肉体，肉体本身开始腐朽消失。（宗教意义上的死亡）

（4）死亡就是生命能源改变了现在的形态，继续存在于某处。（物理学意义上的死亡）

（5）死亡就是生命体的新陈代谢不再发生。（生物学意义上的死亡）

以上这五种说法，孩子能理解吗？对于有相关专业背景的成年人来讲或许可以理解一二，但是对于一个五岁的孩子，无异于听天书。

所以，你肯定意识到了，这是在给一个五岁的孩子讲一个极为复杂的问题，与广告人日常向消费者介绍一款产品一样，实际上难度是差不多的。上面的答案都很好，但都不适合讲给孩子听。

下面还有几种解释，或许能让一个五岁的孩子理解“什么是死亡”。

（1）死亡就像宝宝睡着了，只是再也醒不过来了。

（2）死亡就是小猫躺在那儿，身体硬硬的，再也不会跑、不会叫了。

（3）死亡就是孩子再也见不到爸爸了，他去了另一个世界，永远不再回来。

听到最后这句话，孩子肯定会紧张害怕，并且立马就会明白：原来死亡这么可怕，甚至哭喊着“我不要爸爸死”。好的答案，应该是基于“受众”的现有认知的，而且目的明确。

至此，你应该明白了吧？“对牛弹琴”不是牛的错，而是弹琴的人想多了。

通过核心消费人群来确认目标受众

平时，我们可以通过产品的核心消费人群，来确认广告的目标受众。

在这里，先解释目标消费人群与目标受众这两个概念的关系。它们高度相关，但又略有区别。

所谓目标消费人群，主要是指特定产品或服务的购买需求者、购买决策与执行者和终极使用者。这意味着企业在制订产品销售策略时，务必要明确消费其产品或服务的人群的构成特点。

通常，特定产品或服务的购买需求者、购买决策与执行者和终极使用者是同一个人，但在某些市场中，如婴幼儿市场，购买决策与执行者和产品使用者，基本上是分离的，同时又存在着交叉，多种身份共存的现象非常突出；再如礼品市场，常常出现"买者不用、用者不买"的现象。这就意味着广告传播的目标受众必须精准明确，有时还要分出主次。

在描述目标消费人群时，不仅需要使用人口统计学上的一些指标，而且需要从消费特征上进行界定。总之，最理想的目标消费人群描述结果是这样的：描述完一个人群，别人立马能按图索骥，对号入座，轻松找到这群人。

所以，企业将产品或服务推向市场之前，需要通过焦点小组访谈、大数据分析、消费需求洞察、问卷调查等手段，明确自己的目标消费人群，对消费者"画像"，而后实施目标市场定位。

通过对比会发现，目标消费者是市场营销学里的概念，是相对于产品而言的，而目标受众则是传播学里的概念，是相对于传播主体而言的。

目标消费人群和目标受众，从属于不同的学科体系，但在"广告传播"

中又有着交叉。“营销以消费者为中心，传播以受众为导向”，这句话精准地体现了二者的相关性。

具体来讲，目标消费人群涵盖了特定产品或服务的购买需求者、购买决策与执行者和终极使用者，而广告传播的目标受众往往只是目标消费人群中的一个或多个细分群体，如购买者或使用者。

所以，目标受众往往是目标消费人群中的一个细分群体，认清这一点非常重要。

当我们在概念上、意识中，对目标受众和目标消费者有了清醒认识，面对具体广告作品时就不会将二者混为一谈，甚至能在明确目标消费人群的基础上，准确识别广告传播的主要受众和次要受众。

从广告中的“典型消费者”和广告发布平台确认目标受众

从严格意义上讲，广告中出现的人和物都不是随意选择的。作为广告信息的载体，他们都携带着大量的消费者信息。在后面的章节中会专门介绍“广告人物”的重要性。

从广告中出现的“典型消费者”来确认广告的目标受众，也不失为一种巧妙有效的方法。卖给农村妇女的洗衣粉广告，一般不会出现职场白领的人物形象，卖给时尚潮人的产品广告通常也不会出现中年人的形象。

此外，通过广告发布平台也可以较好地确认目标受众。我们知道，广告媒介（发布渠道）本身就具有显著的人群细分功能，每个媒体都有自己的核心触达人群，所以，广告投放行为本身已经选择了目标受众。

当然，上述方法都有一个假设前提，那就是广告没有乱用广告人物，广告投放基本上是科学合理的，否则就没有参考价值了，甚至还会被误导。

总之，目标受众的识别非常需要生活经验和专业知识。面对熟悉的产品和完全陌生的产品，判断其目标受众的难度是不一样的。

最后总结一下，通常可以从以下几个方面来确认广告的目标受众：

（1）产品的市场定位和核心消费人群。

（2）产品的核心特色和广告诉求。

（3）广告中的人物形象和广告发布平台等。

典型个案：旺旺O泡果奶广告真的很傻吗

关于评析广告要有受众意识问题，有一个非常典型的案例，那就是旺旺O泡果奶早些年的“O泡果奶时间到”广告。

这则广告由于幼稚、“雷人”的台词，夸张、无厘头的人物形象和表演，被很多网友“吐槽”，例如：

★不得不说，旺旺的广告永远是那么蠢！

★天呐，这是要恶心死我呀！

★为什么旺旺的广告那么“雷人”？！

★我要O泡我要O泡，给你O泡，我要抱抱……这跟抱抱扯上哪门子亲戚啊？！

★你瞧瞧那些人，长得太“抽象”了。

★O泡果奶那个孩子是老板的亲戚?

……

这则广告在很多人看来就是低俗的代名词。但事实是，这则广告曾长期投放，甚至一度成为一代人的集体记忆，被很多孩子传唱、模仿。

事实上，针对该系列电视广告的网络舆论也并非一边倒，赞不绝口者也大有人在。现摘录部分内容：

★旺旺的广告“渣”得有理。一则广告“渣”的原因可能有一万种，从策略、创意、制作到客户的介入，都有可能出问题。不过旺旺既然能坚持多年如一日地投放此类广告，说明效果还是有的。这种广告看着冒傻气，但小孩子容易记住。

★我觉得旺旺的广告是很成功的。一则广告过了这么多年还能被人记住，这不是很成功吗？因为旺旺的受众是儿童，所以广告多采用儿童视角。

★广告的目的一是让人看懂商家想要表达的意思，二是让人尽量牢记商家的产品。我相信旺旺的目标人群——青少年看到了这样的广告，更会牢牢记住。从这个角度看，旺旺的市场定位其实是非常准确的，所拍出的广告也是最符合旺旺产品气质的。

★我认为旺旺的广告模式可以归纳为以下三个特点：重复、亢奋、儿童视角。

重复是形成记忆的一个重要方法。在广告词重复的过程当中，受众不自觉地对旺旺的品牌，以及其产品产生了印象，并且形成比较深刻的记忆。

亢奋的语气能迅速吸引人的注意力，产生了兴趣就有可能进一步去了解，即使这种兴趣并不是审美的。

儿童视角。旺旺的主要细分市场定在了儿童，因此广告的受众也是儿童。

★就旺旺的这几则广告来讲，我觉得还有几个特别值得学习的地方。

一是如何利用音乐、音效、画外音来形成视觉外的刺激、记忆和条件反射。

二是埋入让受众可能模仿的“梗”。比如这个“我要O泡”的歌曲片段，实际上音乐做得简单有趣，就很容易产生助推作用。

三是给出一个似是而非的理由，哪怕仔细想“很二”，但是只要你的受众买单就行。

……

儿童的理解、认知能力都有限，因此旺旺相对简单、傻气的广告，对儿童比较容易产生影响。广告心理学的研究表明，儿童对广告的模仿或者复述，经常可以起到二次传播作用。

毫无疑问，旺旺 O 泡果奶的广告在提升知名度、形成记忆点、促进购买上都是非常成功的，甚至是充满创意的，网络上流传着很多“恶搞”和模仿视频，已经说明了这一点。

旺旺 O 泡果奶的广告语言被斥低俗。表面看，主要争议点是“旺旺 O 泡果奶广告是不是真的很傻”。本质上，核心争议点是“一则广告好不好，到底谁说了算”。很显然，是目标受众（消费者）说了算。

生活中，很多人在判断一则广告的好坏时，容易出现“身份错位”，把自己置身于广告受众的位置上，以个人好恶来判断广告的好坏，这是典型的“外行看热闹”。

“这则广告是做给谁看的？”作为专业人士，评析广告时请先问一下自己，搞清楚了，再说其他。

差不多所有广告都不外乎这 30 种目标类型

广告是商业的一部分。理论上，每则商业广告都有自己的使命（传播任务），背后都藏着广告主的商业意图。

广告主花巨资冒险去做广告，肯定不是为了好玩、寻刺激、显摆，甚至“烧钱”，一定是基于特定商业目的而为之，即使有时候广告主的目的是不科学或不合理的。

若能够很好地洞察、领悟具体广告行为背后的商业逻辑或真实意图，就更容易客观地评析一则广告。

从广告目标设定的逻辑上讲，产品/品牌的市场发展阶段决定了广告应该具有一些基本的与发展阶段相符的使命（目标），这决定了广告应该采用哪种类型（偏产品广告还是偏形象广告）。若违背了这个营销传播规律，必然要付出代价。

商业广告不外乎两个目标：一是销售产品，二是提升形象。不过这只是一个大概的广告目标，具体到特定作品，目标内容会更复杂一些。

目前，业界将广告目标大致分为 30 种常见类型。那么，到底哪些目标是一则广告的主要目标呢？肯定不会是全部，也不会只有一种，往往是多个细分目标构成了一则广告的整体传播目标，而且细分目标之间还会有主次之分。

30 种常见的广告目标类型

- 提升社会公众对品牌的认知度。
- 加深社会公众对品牌的印象。
- 形成对产品包装或商标的显著识别。
- 提高社会公众对品牌的偏好度。
- 对抗或抵消竞品的宣传攻势。
- 协助厂商在通路建设中获得合作优势。

- 为消费者提供新信息（去哪儿购买、如何使用、价格调整、促销活动、新型号、新功能）。
- 加强新产品的宣传，普及新产品知识，介绍新产品的独特之处。
- 建立良好的公共关系，提高企业的美誉度，树立良好的企业形象。
- 提高改善整体销售环境。
- 提醒流失的消费者。
- 让新消费者相信广告所说。
- 提升消费者的兴趣及欲求程度。
- 强化消费者现有的信任感、态度及行为。
- 纠正社会公众对于企业或品牌的认知偏差，扭转原有的对品牌消极的认知、评论、态度及信任度，排除销售上的障碍。
- 创造流行，推进社会文化潮流的发展。
- 维持和扩大广告品牌的市场占有率。
- 说服仍有疑虑的消费者去消费。
- 提醒消费者去购买。
- 将竞品消费者转移过来。
- 让现有的消费者安心消费。
- 促使已经受广告影响的消费者完成消费。
- 鼓励消费者更频繁或更大量地购买或使用产品，维持市场销售率或增加产品的销量。
- 将零星、随机的消费变成固定消费。
- 提高消费者对品牌的指名购买率而非仅仅询问产品的类别名称。
- 推动中间商对品牌的认可和销售支持。

- 劝诱潜在消费者立即行动（如索取资料、尝试样品、现场参观、报名参加等）。
- 在销售现场进行示范性广告宣传，促使消费者缩短决策过程，产生直接购买行为。
- 鼓舞企业推销人员的士气以提高工作的积极性和创造性。
- 执行完全的销售任务。

以上 30 种广告目标类型，有些属于消费者的品牌认知，有些属于消费者的情感态度，有些属于消费者的消费意向和消费行为决策，但最终无非是销售产品或提升形象，或兼而有之。

通常，一则广告会包含不同类型的细分目标，但不管有多少小目标，在确定广告目标时，希望它们都是清晰具体、可衡量判断的。

面对媒体上刊登播放的广告，我们很难确切得知这个广告的具体目标，只能综合各种因素去推定。在这里介绍两种推定广告目标的简单方法：一是广告类型推定法，二是产品生命周期推定法。

通过广告类型推定广告目标

虽然一则广告不会直接告诉大众它的传播目标，但是通过它的类型，还是可以大致推定目标的。最常见的一种广告划分方法就是把商业广告分为产品广告和企业形象广告[1]。

---

[1] 有人习惯将其划分为效果广告和品牌广告，虽然表达上更直接鲜明，但实际上并不严谨，因为所有成功的广告都必然是有效果的广告，或者说所有广告都是有效果指标的。此外，不管是给一款产品打广告，还是给企业（组织）打广告，都可以称之为“品牌广告”，也都可以塑造品牌形象。如此看来，从字面上，二者就出现了交叉，而不再是相对立的两个概念了。

第一，产品广告的主要目标类型。

所谓产品广告（Product Advertising），是指着重向消费者介绍产品特点，直接推动产品销售的广告。

产品广告的核心是采用各种方式介绍、宣传产品的特点和优点，利用各种劝说内容和形式，诱导人们开展行动，如购买。产品广告的目标在于推销产品，打开产品销路、提升市场占有率等。

所以，只要能确定某广告是产品广告，就可以大致推定传播目标。产品广告最常见的目标类型有：

- 提升社会公众对品牌的知晓度和认知度。
- 加深社会公众对品牌的印象。
- 形成对产品包装或商标的显著识别。
- 对抗或抵消竞品的宣传攻势。
- 提升消费者的兴趣及欲求程度。
- 维持和扩大广告品牌的市场占有率。
- 让现有的消费者安心消费。
- 让新消费者相信广告所说。
- 说服仍有疑虑的消费者去消费。
- 提醒流失的消费者。
- 提醒消费者去购买。
- 将竞品消费者转移过来。
- 促使已经受以前广告影响的消费者完成消费。
- 将零星、随机的消费变成固定消费。
- 加强新产品的宣传，普及新产品知识，介绍新产品的独特之处。

- 为消费者提供新信息(如何使用、价格调整、促销活动、新功能等)。
- 劝诱潜在消费者立即行动（如索取资料、参观现场、报名参加等)。
- 提高消费者对品牌的指名购买率而非仅仅询问产品的类别名称。
- 鼓励消费者更频繁或更大量地购买或使用产品，维持市场销售率或增加产品的销量。
- 促使消费者缩短决策过程，产生直接购买行为。
- 执行完全的销售任务。
- 协助厂商在通路建设中获得合作优势。
- 推动中间商对品牌的认可和销售支持。
- 鼓舞企业推销人员的士气以提高工作的积极性和创造性。

上面列举的这些产品广告目标，不同的产品发展阶段其目标会有所侧重，这在下文的产品生命周期中可以清晰显现。

第二，企业形象广告的主要目标类型。

所谓企业形象广告(Image Advertising)，是企业向公众展示企业实力、社会责任感或使命感的广告，通常具有公关性。

换言之，企业形象广告是专为树立企业形象和良好声誉而进行的广告，企业希望通过与消费者的深层交流，增进社会各界对企业的了解和支持，增强企业的知名度、美誉度、忠诚度和信赖感。

相应地，企业形象广告的传播意图，相比产品广告要复杂得多。但只要能确定其是企业形象广告，大致也可以锁定其主要传播目标。

具体讲，企业形象广告常见的目标类型有：

- 提升社会公众对品牌的知晓度和认知度。
- 加深社会公众对品牌的印象。

- 形成对产品包装或商标的显著识别。
- 对抗或抵消竞品的宣传攻势。
- 维持和扩大广告品牌的市场占有率。
- 提高社会公众对品牌的偏好度。
- 建立良好的公共关系，提高企业的美誉度，树立良好的企业形象。
- 提高改善整体销售环境。
- 提醒流失的消费者。
- 提醒消费者去购买。
- 将竞品消费者转移过来。
- 让现有的消费者安心消费。
- 提升消费者的兴趣及欲求程度。
- 强化消费者现有的信任感、态度及行为。
- 纠正社会公众对于企业或品牌的认知偏差，扭转原有的对品牌消极的认知、评论、态度及信任度，排除销售上的障碍。
- 协助厂商在通路建设中获得合作优势。
- 旨在推动中间商对品牌的认可和销售支持。
- 创造流行，推进社会文化潮流的发展。

下面继续以阿迪达斯 2008 年的奥运广告为例。在评价这个系列广告时，其中有篇叫《阿迪达斯的灰色创意败笔》的文章，该文反复强调中国营销界似乎很认可的一个观点：广告必须卖货，如“创意再精彩，广告不卖货，又有什么用呢”“简单、直接是卖货广告永远不会变更的铁律”“生意是广告的真谛”等。

以上这些貌似铿锵有力、掷地有声的“营销真理”，用在阿迪达斯的奥运广告上未必合适。

毫无疑问，阿迪达斯的 2008 年奥运广告（系列）属于企业形象广告，广告目标显然是指向消费者的心理层面的。具体来说，其广告目标可以大致细分为以下几个方面（推定目标）：

（1）建立良好的公共关系，提高企业的美誉度，树立良好的企业形象。

（2）提升社会公众对品牌的知晓度和认知度，加深社会公众对品牌的印象。

（3）提高社会公众对品牌的偏好度。

（4）对抗或抵消竞品的宣传攻势。

以“卖货”为广告目标，来衡量一个成熟的国际大品牌的企业形象广告效果，这无异于向公关要销量。

在日常生活中，还有一种企业形象广告，那就是公关广告。

所谓公关广告，是出于特定公关目的而开展的广告宣传，如危机公关广告，既是面向大众的形象广告，更是为了影响特定群体（如经销商、政府机构、民间组织、投资人等特定利益相关者）的公关广告。

此外，还有一种企业形象广告，那就是公益型企业形象广告。

所谓公益型企业形象广告，是以传播主流社会价值观和正能量为主题的广告，具有显著的公益性和公关性，是企业形象广告公益化的结果。这类广告最大的特点就是若删掉企业信息（如 LOGO 等），就与一般的公益广告毫无二致。

此时，若按照普通的企业形象广告逻辑去分析这两类广告的目标受众，容易不得要领，还需要结合广告的投放时机（背景）、投放平台等因素，进行分析才行。

第三，产品形象广告的传播目标。

有时广告类型并非一目了然，如“产品形象广告”最大的特点就是兼具产品推销和形象塑造的任务，通常是企业拥有成熟品牌形象管理理念的体现。

这类广告以推销产品为主要目的，但同时兼顾品牌形象的积极塑造和品牌资产的长期积累。此类广告通常比较重视创意与制作的艺术水准，强调品牌传播调性[1]的一致性，尽量避免简单叫卖和生硬推销。

在评析这类广告时，一般遵循产品广告的评判逻辑，走“实用主义”路线，同时应适当兼顾形象广告的评判标准。

无论如何，只有意识到产品广告与形象广告的区别，悟透了广告主的真实传播意图，才能准确锁定目标受众，对广告效果进行合理预判，对问题成因进行科学探究。

第四，公益广告的主要目标类型。

公益广告有着不同于商业广告的传播特点和传播目标。

所谓公益广告，是指由特定主体发布的不以盈利为目的，服务于大众利益的一种社会广告，明显区别于以盈利为最终目的的商业广告。

公益广告的目标相对比较单一明确。通常，公益广告的目标可以分为三个层面，即告知目标、态度目标和行为目标。这三个层面具有循序渐进的因果关系，其中告知是前提和基础，态度是关键，行为是终极目标。特定主题的公益广告应该有明确的目标指向。

虽说行为目标是终极目标，但从实际情况看，有些广告难以获得或不是很迫切需要获得受众的明确行为反应，如以政策法规等为主题的广告，更多是为了告知。

这一点在中国公益广告黄河奖评选上的体现极为明显。正如主办方所

---

[1] 广告调性（Advertising Tone）即广告创意表现中所展现的基调和风格，它是品牌调性的重要体现，取决于品牌个性（品牌定位）、产品特性（行业属性）、竞争品牌风格、消费者心理洞察。广告调性的长期保持，带来的就是品牌的传播风格和品牌个性。现在广告界对广告调性越来越重视。如一提起可口可乐、雪碧、百事可乐中的任何一种，多数人都会立即获得一种鲜明的印象：“红色+年轻”“绿色+个性”“蓝色+巨星”。这就是长期坚持一贯的广告传播调性的结果。

说的，参评对象是“年度内免费发布的宣传人类文明道德观念、提升社会文明程度，并获得良好社会效益的公益广告作品”。这就决定了公益广告的主要评审标准，即以告知和态度为目标层次，若过于在乎其行为目标，反倒“尴尬了”。

但必须承认的是，绝大多数公益广告，都应该以最终的行为反应为目标，否则我们的公益广告将永远飘在空中、流于形式，经不起“市场”检验。

一些需要民众行动的广告，如募捐广告、环保广告、家庭伦理广告等，更应该追求受众的行为反应，甚至是直接行为反应。

评析公益广告也需要先明确目标受众。公益广告的受众并非无限宽泛，也应该精准。如香港廉政公署的廉政广告，就将诉求对象分为知情者或易知情者、利益被损者、易腐败者和腐败者，对于前两者则鼓励他们举报，对于后两者则旨在威慑和劝其自首。再如交通安全广告，其传播对象可以是行人（又可以细分为步行者、非机动车驾驶者）、普通市民、乘客，也可以是司机（新司机、老司机）等。

不过令人遗憾的是，广告目标受众不清晰或过于宽泛，正是当前大多数公益广告存在的突出问题。这一问题与公益广告目标模糊有着直接的因果关系。

通过产品生命周期推定广告目标

产品生命周期是指产品的市场寿命，即一种新产品从开始进入特定市场到被该市场淘汰的整个发展过程，大体上可以分为导入期、成长期、成熟期和衰退期四个阶段。

产品生命周期是一个时间性、地域性很强的概念，它是必须在特定市场区域，面对特定目标消费人群才有意义的概念。即使同一产品，在不同市场区域，消费者对这个产品的认知及消费状况，差异也可能非常大。

明确产品所处的市场发展阶段，有助于执行科学合理的广告策略。

1. 导入期与广告诉求功能化

导入期开始于新产品首次进入某一市场，是产品投入市场的初期阶段，通常销量较小、增长缓慢、产品知名度低、市场占有率低。这决定了导入期的广告目标必须以记住产品名字和利益点为主。

导入期的广告诉求主要以介绍产品的功能为主，在这个阶段不管是高卷入度产品还是低卷入度产品，不管是功能型产品还是服务型产品，都要介绍产品能给消费者带来的利益，且这个利益是产品本身能直接带给消费者的。

若在这个阶段过于强调品牌形象，而忽略了产品功能和利益的介绍，不敢突出品名，广告就会出问题。

2. 成长期与广告诉求复合化

成长期是指产品经过试销，消费者对新产品已经有所了解，产品的销路逐渐打开，销售量迅速增长的阶段。此时的广告将以提高市场占有率为首要目标，广告诉求体现出复合化特征，即同时兼顾产品功能和品牌形象。

这一阶段的广告目标主要表现在三个方面。

一是需要迅速提升消费者对品牌的认知度，抢占市场有利位置，为企业在市场区隔时奠定价格空间的基础；二是产品概念应该更加清晰，让消费者在选择产品时更具体明确，应丰富品牌的概念内涵；三是为塑造品牌形象打基础，逐步赋予产品独特的品牌内涵，为未来的品牌市场区隔打基础。

3. 成熟期与广告诉求品牌化

成熟期是指产品的市场销量已经达到饱和状态的阶段，市场需求增速放缓甚至开始下降。此时，广告目标应当以强化品牌形象和与其他品牌相比的差异化优势为主。

成熟期市场竞争最为激烈，产品市场区隔更加明显。营销组合由“建立基本需求”转移到制造“选择性需求”。广告以提醒品牌形象广告为重点，使产品名称能深深印在消费者的脑中。

在成熟期，常见的广告目标包括：维持品牌用户忠诚度，凸显品牌个性；提高顾客购买数量和频率；扩大顾客范围；进行新的副品牌或子品牌的创造与延伸等。

所以，判断一个产品在特定市场的发展阶段，对于有效推定广告目标极其重要。我们也可以通过判定其产品生命周期，来判断此时此地其广告策略的正确与否。

典型个案：大牌明星代言的 TOTO“卫洗丽”到底是什么

这是一个比较老的案例。

TOTO 即东陶公司，是著名的卫浴品牌，创立于 1917 年，是一个生产、销售民用及商业设施用卫浴、洁具及相关设备的日本企业，“节能环保、有效用水、达至完美”是其经营理念，1995 年，TOTO 正式进入中国市场。

2005 年，TOTO 正式推出智能马桶盖品牌“卫洗丽”。为了推广该产品，TOTO 邀请香港著名影星做代言人，开始在各大媒体上投放“卫洗丽”的影视广告（见图 3-2）。

图 3-2　第一版 TOTO“卫洗丽”电视广告截图

该广告用大量镜头描述了代言人在卫生间淋浴、洗漱、装扮的活动，中间有几个镜头扫到马桶，只有最后才用几秒钟的镜头直接展示马桶（分不清是马桶还是马桶盖）的操作面板、喷水清洗的场景，最后出现字幕。这期间贯穿的文案如下。

代言人独白：干干净净的身体，清清爽爽的心情，简简单单的快乐。我知道让生活更美的秘密。

字幕（广告语）：你开始洗了吗？

代言人独白：卫洗丽，温水（播放多遍也没听太清楚，笔者注），让我更美。

该案例存在的主要争议是：卫洗丽到底是什么（该广告要不要介绍卫洗丽的功能特点）。就“你开始洗了吗”这一消费号召，人们不禁要问：

（1）卫洗丽是干什么的？

（在当时，卫洗丽应该是最早进入智能马桶盖领域的品牌之一，面临品类第一的市场先机）

（2）为什么要洗屁股？

（该问题实际上是在回答哪些人需要洗屁股、能解决什么问题等事关目标受众切身利益的核心问题）

（3）喷出来的温水卫生吗？用起来方便吗？要不要用电？安不安全？

（该问题实际上是在展开论述产品的核心功能，了解产品特性是目标消费者的基本需求）

以上疑问在另一个版本的广告中同样没有得到回答。

在另一版广告中，代言人在健身房、商场、宴席、服装店等公共场合，在看到不同女人时，不停出现类似的画外音："她开始洗了""她也开始洗了"……最后面向观众，画外音问道："你开始洗了吗？"

就这两个广告的目标受众而言，目标受众的指向应该还是比较清晰具体的，那就是一线城市高净值中青年女性，她们可能存在妇科疾病或者非常在乎隐私健康，最主要的是她们注重生活品质，敢于追逐时尚，愿意尝试新事物。

然而，在 2005 年的时候，智能马桶盖对于广大消费者而言，还属于新品类，大部分人对它还比较陌生，该品类的推广将面临培育市场的艰巨任务。就算在今天，依然有很多人对智能马桶盖并不熟悉，甚至很多人还没有接触过。

事实上，"卫洗丽"是马桶的一个附加产品，俗称"智能马桶盖"，本质上属于微电脑控制，是集暖臀、喷水、烘干、杀菌为一体的电器产品。

智能马桶盖的主要特点或者说利益点是，它能够有效降低所有人群的肛门疾病，以及女性外阴的细菌感染机会。例如，当女性小便之后，马桶盖自动喷出温水对关键部位进行冲洗；当大便之后，马桶盖会自动喷出温水对肛门部位进行冲洗。此外，它还会吹出暖风将屁股快速烘干。

基于智能马桶盖的以上特点，说明该产品不仅适合女性，对于痔疮患者、低龄儿童、老人或者孕妇等特定群体都非常适用，它可以有效保持关键部位的清洁，大大减少妇科疾病和肛肠类疾病的发生概率。

也就是说，对于女性消费群体来说，TOTO 卫洗丽给她们带来最大的利益就是"随时清洗关键部位，有效减少妇科疾病的发生概率"。

扩大了说，它还能有效降低所有人群的肛门疾病，以及女性外阴的细菌感染概率，但这些产品特性和利益点，在 2005 年的广告中并没有说清点透。

针对该版本的广告，有专家认为存在三大失误[1]。

失误一是产品卖点不清晰。作为颠覆传统生活方式的新产品，卫洗丽仍然面临启发说服消费者的艰巨任务。在这个时候，卫洗丽向消费者传递的应该是它的具体功能。卫洗丽需要给消费者一个准确的利益承诺。

失误二是盲目树品牌、忽视了功能诉求。功能性产品，功能永远是基础。消费者关心的是这个产品是干什么的，这个产品对我有什么好处，我为什么需要这个产品。新品导入期的产品广告的责任就是针对这些问题为消费者一一解答。

失误三是重电视传播、轻报纸说服。建议借助报纸进行深度传播，可以就卫洗丽的四大功能、五大优点逐一展现。

时隔几年，TOTO“卫洗丽”重新推出了一版非名人代言的 60 秒影视广告（见图 3-3）。

广告通过两位年轻女性（25 岁以上）的对话及画面展示，将卫洗丽智能马桶盖的功能特点介绍得非常清楚，而且所有台词均有字幕，信息传递非常明确，加上出色的画面质感，产品的品质感也得到很好的体现。

图 3-3　“卫洗丽”非名人代言的 60 秒影视广告截图

可见，即使大品牌旗下产品，即使名人代言，即使大手笔投放，若广

1 徐荣华.“TOTO 卫洗丽”广告策略三大失误[J]. 广告大观，2005（09）：150-151.

告违背了产品生命周期，也一样无济于事。

不顾及产品生命周期对广告的特定要求，在新品导入期，过于倾向品牌形象塑造而疏于产品功能介绍和产品名称传播，可能无法让消费者有效记住产品名称和产品特点。

在这个案例中，通过产品生命周期，可以合理推定广告该有的目标和任务。正是基于此，就可以大致判断广告效果及目标达成程度，并进行成因分析。

第四章

GRR 广告评析第二步：效果判断

从本章开始，将进入广告作品评析的第二步，即效果判断。本章将结合典型案例，分别从受众对广告的认知、态度、记忆等层面，尝试判断一则广告的心理效果，并借此介绍一些提升广告效果的理念。

有效认知是广告起效的前提

前文反复强调，在评析广告作品时，首先要弄清楚一个问题：这则广告是做给谁看的。

只有弄清了广告的真实受众，广告评析者才能设身处地，站在目标受众的立场，去感受、思考、分析和推理。

明确了目标受众后，紧接着的一个重要问题是：目标受众能看懂这个广告吗？

这是广告人该有的受众意识，也是明确目标受众之后紧接着要弄清楚的关键问题，不可稀里糊涂。

若广告人自身就是目标受众，那么其本人的广告认知和体验就具有一定的代表性。例如，一则广告作品，我们看了半天都没明白在说什么；环顾四周，发现同伴们也一脸茫然。很明显，这个针对广告人这一群体的广告可能存在致命的问题。一个连大多数受众都看不懂的广告，谈何有效？

另一种情况，若广告人自身不是目标受众，却发现该广告使用了这个群体特有的语言和沟通方式，如针对老年人的产品广告，却使用了大量的网络用语。此时，就很容易推测该广告可能遇到传播障碍。

还有，作为非目标受众时，若不能理解广告，即出现“看不懂”的情况，也未必意味着广告是无效的。此时，个人观赏体验是不具有代表性和说服力的，应结合个人生活经验、专业直觉等，试着“设身处地”地感受目标受众的认知情况，若必要或有条件，最好做一些调研工作，以确认自己的判断。

前面都在说“认知”问题，那么在这里补充一点有关“认知”的基础知识。

认知，与感情、意志对应，是人最基本的心理过程，也是人获得知识或应用知识的信息加工过程，包括感知（感觉、知觉）、思维（想象、联想、推理、判断）和语言等环节。具体到特定个体或群体，有认知方式、能力和效率上的差异。

认知通常与记忆密切相关。很多时候，认知需要借助有效记忆得以完成。一则什么信息都没有被记住的广告，往往也谈不上被有效理解。所以在确认受众的广告认知时，通常也要一起考察受众对广告的记忆情况。正因为如此，我们在评析广告效果时，往往把认知与记忆放在一起。

广告再高调，看懂才有效

虽然让目标受众看懂广告，算是非常基础的要求了，但是依然有很多广告做不到。

广告传播的一个基本任务就是帮助消费者正确理解产品和品牌。所谓“看懂”，就是对受众能有效理解广告的通俗说法。

换言之，受众对广告的理解与广告的诉求主张是一致的，才算看懂，才算没有被“误解”。

具体来讲，就是目标受众看完广告，能大致知道广告在说什么，需要重点确认的内容包括：

- 是否知道广告中产品或品牌的名称。
- 是否记得广告的主要画面情节。
- 是否知道广告的诉求重点（主题）。
- 是否知道产品的主要卖点（功能、特色等）或优势。
- 是否有印象深刻的某句广告文案。
- 是否充分理解了广告创意。

上述有关受众是否“看懂”的几个问题，大多是针对已经看过广告的人，主要考察他们对广告的理解是否正确。

在确认受众的广告理解度方面，作为广告效果判断的“方便法”，可以适当借助一些简单的调研手段，常用的方法有：①小范围精准问卷调查；②针对精准样本的实验测试；③小范围访谈；④实地观察等。

这些微型调查虽然严谨度和可靠性弱一些，但是只要调研方案设计巧妙，能够针对特定问题，多少还是具有说服力和参考价值的。

例如，笔者在指导学生评析小肥羊的影视广告“寻味之旅”时（该案例在第 7 章会有详细介绍），就采用了一个简便且有效的方法。

针对这个案例，其中一个重要的认知效果层面的判断就是，“寻味之旅”的表现策略存在着缺陷，看似惊艳唯美的“食材表演”，实则无法支撑该广告的核心诉求——“一锅汤，一盘肉”，反倒像在演绎“食材丰富”的主题。

那么，这个判断是否可靠呢？除了借鉴专家观点（文献研究）外，还有没有简便的验证方法呢？我们设计了一个简易的问卷。

具体的问卷设计是，剪掉视频最后有品牌信息的那部分镜头，只让受访对象观看前面的视频。然后设计几个问题，其中一个问题是“以下几句话，您觉得哪句应该是这段视频的广告语”。选项均为一些火锅品牌的广告语，其中包含小肥羊的“一锅汤，一盘肉”。

设计好之后，针对目标消费人群发放了一百余份问卷。结果显示，只有百分之十几的受访对象选择了小肥羊的广告语，更多的人竟然选择了凑凑火锅的广告语“为美好相聚沸腾”。别忘了，这可是专门为小肥羊制作的广告，竟然还没有竞争对手的得票率高。

虽然调研简单，样本量不大，但是足以说明问题，那就是，小肥羊的“寻味之旅”广告从表现策略上存在问题，偏离了小肥羊的核心卖点——“一锅汤，一盘肉”的简约化火锅消费理念，反而做成了火锅行业甚至是竞争对手的广告了，广告创意与品牌之间失去了必要的关联。这样的结果意味着，该视频或许“火”了，小肥羊却无法充分地从中受益。

经过这样的微调研，我们对小肥羊“寻味之旅”的认知效果判断就有了充分的说服力。类似微调研的方法还有很多，它们对于有效开展广告效果判断，非常实用。

典型个案：小米 MIX 2S“名画”系列广告真的很难懂吗

2018 年 3 月 27 日，作为全面屏时代的开启者之一，小米公司正式推出了小米 MIX 2S，售价 3299 元起。

小米 MIX 2S 的最大特色是采用了变焦双摄和 AI 场景、AI 人脸识别技术。总之，强大的拍摄功能是该机的最大卖点和特色。

在“名画”系列广告发布之前，小米就联合《环太平洋 2》创作团队拍摄了一则视频广告（见图 4-1）。广告的主角用一段和电影背景结合非常紧密的自述独白，引出小米 MIX 2S 的特性：更快速的反应、更智慧的系统、更强悍的性能。

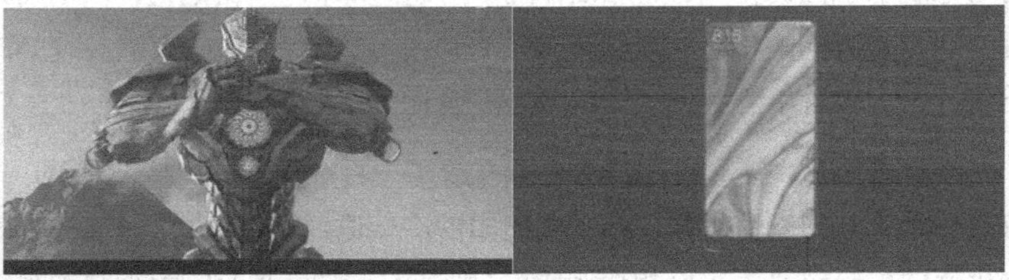

图 4-1　小米联合《环太平洋 2》创作团队拍摄的视频广告截图

以“一面科技，一面艺术”为主题的“名画”系列广告，重点是展示产品的 AI 摄影特性。

其中以“你有千百种风情，我有熟悉你的眼睛”为主题句的广告（见图 4-2），重点展示了小米 MIX 2S 的 AI 人脸识别解锁技术。以名画中凡高、蓬帕杜夫人及伦勃朗的画像为素材，无论岁月、装束怎么变化，小米 MIX 2S 都能准确识别他们的面容，并成功实现人脸解锁。

图 4-2　小米 MIX 2S AI 人脸识别技术广告截图

以“世界有千万种美，我有一双看懂美的眼睛”为主题句的广告（见图 4-3），重点展现了 AI 场景识别技术。手机能够自动侦测被拍摄的场景，从而针对不同场景调整相机亮度、色调、色相、饱和度、对比度等参数，让拍出来的照片变得更美、更有质感。

图 4-3　小米 MIX 2S AI 场景识别技术广告截图

以“你很美，你背后的梦，和你一样美”为主题句的广告（见图 4-4），重点展示了 AI 双摄技术，通过将世界名画中的背景进行虚化，从而更好地突出拍摄人物，让照片变得更有层次感和艺术性。

图 4-4　小米 MIX 2S AI 双摄技术广告截图

从广告的目标受众看，该广告主打技术，依然以男性为主，尤其是技术控们，虽然偶像明星代言之后，小米也增加了女性用户。

具体来讲，小米的目标消费群集中在 20～35 岁，以学生和白领工作者为主；他们追求功能，爱好科技，有一定的经济基础；他们受教育程度以大学学历为主，主要分布于一、二线城市。

广告的传播目标是为小米 MIX 2S 的发布预热，为了提高新手机的知名度和关注度，介绍手机新功能（AI 场景识别、AI 人脸识别解锁、AI 双摄），使受众对新产品有印象并产生期待（这符合小米一贯的饥饿营销策略）。

那么，这个系列广告的心理效果到底如何呢？

这个系列作品，制作精良，创意新颖，与产品特点结合度高，广受关注。一些受访对象表示：很喜欢用世界名画做创意这一点，很有趣、新颖，给人眼前一亮的感觉；这三则广告有让人看下去的欲望；该广告非常“好看”，并且有创意、格调高。

整体来看，品牌和产品知晓度尚可，受众也很喜欢这个系列作品，对产品印象也不错，但调查表明，部分消费者对广告内容的理解却存在分歧。

针对一个小范围（23 名大学生）的调查表明，80%以上的受访对象理解了 AI 人脸识别解锁技术，大约 50%的受众明白了 AI 场景识别技术，只有大约 43%的受众理解了 AI 双摄技术。

相对来说，从事科学技术相关的工作者、摄影爱好者更容易理解这些广告，而非摄影爱好者等理解起来就比较吃力，“不知道广告在表达什么”，认为“广告比较难懂，无法在第一时间明白，需要经过思考”。

另一个小范围调查也呈现了类似结果。在针对 20 名大学生（男女各 10 名）的一个小调查中发现：针对 AI 人脸识别技术，之前了解过 AI 人脸识别技术的人群大多数能够看懂，没有了解过的人基本看不懂；针对 AI 场景识别技术，大部分人看不懂，有一小部分会理解错误；针对 AI 双摄技术，大部分人理解错误。

从记忆效果看，给人留下最深刻印象的元素是“世界名画”，这个创意很容易让人记住。手机的“人脸识别解锁”功能和广告语“一面科技，一面艺术”也让人印象深刻，正如一些受访对象表示的：“小米 MIS 2S 手机人脸识别解锁精确，感觉摄像头很牛”。

相对来说，上述三则广告突出的产品功能不同，虽然都是围绕摄像技术的，但依然有些抽象和复杂。AI 双摄和 AI 场景识别技术，并没有引起观众太多关注或给他们留下深刻印象。

从态度上看，受访对象对广告的整体印象还不错，这则广告不会引起受众的反感。但是，在购买意愿上，这则广告并没有表现出明显的优势。针对没有购买意愿的原因，部分受访对象表示：主要是因为“暂时不需要换手机”“对小米不感兴趣”等。

分析至此，我们能否得出一个结论：相当一部分观众对该广告所宣传产品的具体功能并不是非常清晰，反而对于广告创意本身印象更深呢？

就广告策略而言，小米的目标消费者一直是非常清晰的，只是这个系列广告锁定的目标人群范围是不是过于狭小，过滤了很多非摄影爱好者、非技术控等？相当一部分人看不懂广告已经说明了问题。

或许，整个广告中适当增加一些手机本身的镜头，如产品形象、使用演示等，会更有助于受众把注意力停留在产品上。此外，该产品进行卖点提炼时，在“一面科技，一面艺术”主题之下，可以用一句话突出“超强摄影”这一功能。

就这个系列广告来看，小米进军高端手机市场的开局并不算漂亮。

无论如何，一则广告让目标受众（包括潜在消费者）看懂，是基本要求。这也是广告起效的前提。

典型个案：华为 Ascend P1 的手机广告到底在说什么

2012 年 4 月，华为 Ascend P1 全球首发。时任华为终端董事长的余承东表示：“将以 Ascend P1 为建立品牌的转折点，立志让华为手机走上品牌路线，一改‘通信设备制造商’的原有形象。”

这多少可以反映该广告的传播目标和商业意图，即借助新品（C端消费品）重塑大众心中的品牌形象。

华为Ascend智能手机，分为D、P、G、Y四个系列，分别代表钻石、铂金、黄金、年轻，对应旗舰、高端、中端、入门等不同消费群体。Ascend P1作为Ascend智能手机的中端机型，售价在1100～2500元。

从投放平台看，Ascend P1广告在中央电视台财经频道、体育频道播出，随后又陆续在地方卫视的黄金时段播出，或者在黄金节目中插播。由此可以看出，其目标消费人群以商务型中青年消费者为主。

同时，Ascend P1的这则广告是华为首则全球投放的电视广告。为了攻入世界智能手机市场，该广告被华为寄予厚望。

Ascend P1广告的大致剧情是：一匹风神俊朗的白马和一位古希腊白衣老者，在冰天雪地里遥遥相望，然后两者飞奔合体，碰撞出万丈光芒，然后从万丈光芒中飞出Ascend P1，此时出现旁白和字幕：“用智慧演绎至美，华为Ascend P1，震撼上市！”（见图4-5）。

图4-5　Ascend P1影视广告截图

针对该广告，可以通过四个核心问题了解受众对广告的理解程度：

（1）该广告中出现的白马代表什么？

（2）该广告中出现的老人代表什么？

（3）老人和骏马相向飞奔碰撞想表达什么？

（4）通过该广告，你了解了 Ascend P1 手机的哪些功能特点？

前三个问题主要考察受众对广告情节内容的理解程度，最后一个问题则集中反映广告的核心诉求（产品功能特点、卖点、利益点）是否被受众关注并激起了受众的兴趣。

由于大学生群体（尤其是男性）正好是该产品的目标消费群之一，所以他们的观赏感受（认知）具有代表性，在一定程度上能够说明问题。

通过小型调查问卷发现，针对前三个问题，大多数学生还是能够理解广告的画面内容的。如大多数学生认为该广告中的老人是希腊智者，代表智慧，白色骏马代表性感和速度，两者的碰撞寓意着智慧与性感、速度的碰撞。

其实在该广告中，创作人员的“官方”说法是：智者转身及快速奔跑与飞马的碰撞代表着华为要华丽转身，并迅速做出改变，以达到腾飞的目标。整体上，与学生的理解差距并不大。

但针对后一个问题，却出现了较大差异，答案明显不一致，甚至很多学生直言“不知道这款手机的最大特点”。

针对该手机广告，在学生观赏过后，又做了进一步调查：

（5）你还记得该广告的广告语吗？

（6）该广告的哪些元素给你留下了深刻印象？

可能由于学生们还分不清什么是广告语，什么是主题句，所以答案的集中度并不高，广告中仅有的几句话都成了广告语。

值得关注的是，智者和骏马，以及雪地的场景和整体氛围调性，却给大家留下了深刻印象。

至此，我们是否可以给该广告做一个简单的效果评判呢？

整体上看，该广告并不容易被理解。虽然在小型调研中大学生们大多理解了广告内容，但是考虑到学生的专业背景和观赏广告时的特定环境，其在实际传播中的效果未必如此理想。

资料显示，该广告由国际知名导演执导，所以广告采用的也是国际化题材和国际化手法。这就涉及品牌传播的本土化与国际化问题，即跨文化传播[1]问题。

另外，该广告的产品特点（卖点）突出强化不够，受众对此记忆效果不理想。正如一些专业人士评论该广告过于“高大上”，有些故弄玄虚、故作高雅，把广告设计得云里雾里，掩盖了产品的卖点和价值。

消费者不都是诗人，广告需要简明扼要，需要突出卖点，尤其是互联网时代和面对“90后”消费者，广告主题更要简明。

在该广告中，点明主题的只有一句话：“华为Ascend P1，震撼上市！”剧情机械刻板，人物形象陌生，产品文案稀缺，都阻碍了受众对广告的有效理解。

该广告从产品的市场发展阶段看，属于典型的导入期广告，应该偏重于产品推介，即以产品广告为主，但由于其肩负华为品牌形象转型的重任，所以还被寄予了重塑品牌形象的厚望。

产品介绍没到位，品牌形象却有些曲高和寡了，这就涉及产品广告与形象广告的平衡问题。正如一些广告人坚信的：“产品广告要不断地向消费者宣讲产品的卖点，不要怕讲出来，越简单明了就越有效。”

该广告本该偏重于产品广告，其首要任务是传播产品的价值（卖点），突出Ascend的速度、简洁的设计，但是显然该广告没有做到这一点。

那么，该广告的市场销售效果如何呢？据报道，自Ascend P1上市后不断降价，这多少预示着这个产品在市场上出了问题。有专家认为，这个广告除了让人知道Ascend P1上市之外，难以激起大众的购买欲望。

---

1 跨文化传播指来自不同文化体系的个人及组织、国家等社会群体之间进行的信息传播或文化交往活动。品牌的跨文化传播主要涉及品牌传播的国际化与本土化两种策略。前者以文化融合为特征，后者以重视并利用文化差异为基础。

总之，该广告的传播效果并不理想，很多人没有明白广告的创意，对产品特点的了解也是云里雾里，尽管该广告立意不错，视觉干净、有冲击力。也就是说，其心理效果和最终的销售效果应该是不理想的，这从后续产品的广告调整中多少可以得到佐证。

2014 年，Ascend P7 推出时曾拍摄了一则 60 秒"君子如兰"篇影视广告（见图 4-6），该广告开始简化剧情，增加文案量，在视觉干净、画面唯美的基础上，也务实地加入了大量旁白和字幕：

当理想桃源，只在古典流芳。

(左下角：1300 万像素后置摄像头 弱光拍摄)

内心的出入，决定你在这个世界的位置。

（左下角：纤薄机身 玻璃背纹）

浊流中，以优雅示人。

（左下角：疾速 4G 快亦有序）

空谷幽兰，纯粹之心，何其不易。

君子如兰，华为 Ascend P7。

图 4-6 Ascend P7 60 秒"君子如兰"影视广告截图

就华为 Ascend P7"君子如兰"篇而言，创意与制作可谓"痛改前非"，调整得非常到位，在平衡产品推介和企业形象塑造上，火候拿捏得非常好。

在把控广告调性（要符合其国际大公司的形象定位）上，更是日益娴熟：大气却不空洞、优雅却不造作、从容却不懒散、严肃却不呆滞、睿智却不失温和，也没有忘记强化产品优势。

这里讨论一个题外话，那就是广告的连续性问题，意在提醒大家关注广告在品牌形象塑造中的作用。

成熟的广告传播活动应该有助于品牌形象塑造和品牌资产积累。一个产品（品牌）的每次广告，通常多少都应该包含一些值得日后加以传承的“财富”。若前后广告之间“不搭边”，甚至毫无关联，那就白白浪费广告为品牌累积价值的机会。

在通过广告传播而实现持续的品牌形象塑造的过程中，最有效的累积方式就是：聚焦最让人印象深刻的品牌识别符号和积极丰富的品牌联想单元，使之成为直观的品牌价值载体。

所谓品牌识别符号，是品牌基于消费者认知而规划设计并应用于品牌营销传播中的一系列符号，最基本的识别符号包括品牌名称、图文 LOGO、产品、广告语等。此外，有时也会基于彰显品牌个性、内涵及简化品牌记忆、形成记忆点等目的，在品牌传播中持续地采用一个特定的传播符号，如虚拟代言人、特定的图形、特定的色彩等。虚拟代言人如米其林兄弟、七喜小子、肯德基上校、万宝路的西部牛仔、美国家庭人寿保险的大白鹅等；特定图形如德芙的巧克力丝带、新康泰克感冒药的红色胶囊小人等；特定色彩如佰草集的荷叶绿等。

据此反观 Ascend P1 的广告就会发现，广告中出现的白色骏马，令人印象深刻，甚至骏马的形象在华为 Ascend 手机的其他宣传场所也有所应用（见图 4-7）。

图 4-7　Ascend P1 广告中出现的白色骏马与其他宣传场所出现的骏马形象

可惜的是，在后续的产品广告中，如在 Ascend P7“君子如兰”广告中，这个足以成为品牌识别符号的视觉形象被放弃了，甚为遗憾，因为“代表着性感和速度”的白色骏马，足以代表华为 Ascend 手机的产品特性和形象内涵。

不要表演创意，用创意解决问题

创意可以成就广告，也可以毁掉广告。作为广告人，要学会科学对待广告创意。然而，大家在评析广告时，很容易掉入创意陷阱，那就是只谈创意、不管效果。事实上，只谈创意是评析广告之大忌。

首先，只谈创意不是一则广告人该有的专业态度。如果一则广告人只谈创意，他不是缺乏专业水准，就是太过懒惰，甚至是在耍无赖。判断一则广告真正的市场效果，若没有深厚的专业功底和长期的行业积淀，没有敏锐的策略洞察能力和审慎的专业评估能力，是没几个人敢下论断的。

其次，只谈创意容易让广告人对广告的效果判断止步于心理效果。无视广告的经济效果，就等于无视广告主的切身利益，等于放弃了专业良知，甚至是一种“职业背叛”。

最后，没有经济效果的广告一文不值，即使是企业形象广告，当然，公益广告、政治广告等社会广告除外。

所以，谈创意可以，但必须在既定的广告目标上，以心理效果和经济效果为衡量尺度。一则广告若没有心理效果和经济效果的有力支撑，获奖再多也只是广告人的自娱自乐。

在创意与实效之间，必须找到一个合理的平衡点，然而在实践中往往容易忽视这一点。

曾有广告人讲过一个有意思的经历。这位广告人有次参加营销论坛，其中一个很重要的环节是欣赏一则知名汽车品牌的创意广告，时长 4 分多钟，全程画面、音效都很震撼，是大片中的大片，每个人都为这个精彩的创意赞叹了很久。可是，在回味的过程中总觉得哪里不对，创意太过精彩，只记着创意了，以至于没记住是哪款产品。当他问其他人时，别人也都连连摇头，说广告那么好看，居然都没顾上关注产品。

这多少有些“细思极恐”。因为这意味着创意非但没有成就品牌，反倒正在伤害它。

2011 年，由《IT 时代周刊》、IT 商业新闻网共同主办的主题为“传播的力量”国双杯首届 2011 年度 Marketign&PR 颁奖盛典上，微电影诺基亚“N9 不跟随”荣获 2011 年度最佳创意奖。

残酷的现实是，由于产品自身等多方面原因，被视为诺基亚“心血之作”的 N9，就像“泰坦尼克号”一样，处女航即沉没。而这支“N9 不跟随”，却在巨轮沉没的过程中，几乎毫无作为。

最终结果是，诺基亚 N9 销售惨淡，成为诺基亚输得很惨痛的一仗。经此一役，诺基亚离智能手机越来越远。我们无法得知在一众精英的努力下，为何会让这样的广告顺利出街，更不可思议的是，这则广告作品竟然还受到追捧，甚至还获奖了。

让人只关注、记住创意，而没有记住品牌、产品的广告，无疑是不该受追捧的广告。

做广告，“自嗨”要不得。

好广告应获得受众的积极认可

这里所谓的好广告，主要是指那些通常意义上的有创意的广告。获得消费者积极认可应该是广告传播该有的基本预期和结果。所谓消费者积极认可，本质上讲的就是消费者对广告的态度。

态度是源于人们基本的欲望、需求与信念而对某个事物产生的评价和行为倾向，表现于个体对外界事物的内在感受、情感（如喜、怒、哀、乐、爱、恨、恶、惧、忧、悲等）和意向（如欲望、愿望、希望、意图等行为的反应倾向）三个方面，可以分为外显态度和内隐态度。

消费者对一则广告的态度，通常直接影响到广告的最终效果。能否获得消费者对广告的积极认可，事关广告成败。

常用的广告态度指标是“愉悦—认可—共鸣”，这是一种层层递进的关系。通俗地讲，主要包括：

（1）好恶态度：是否喜欢广告以及产品。

（2）认可度：是否认可广告的核心诉求或消费主张等。

（3）行动意愿：是否愿意采取相应的行动等。

消费者对广告的积极认可，也由此可以理解为，消费者对一则广告不但喜欢，而且还在核心诉求或观点主张上认同它，并愿意响应广告的号召而采取行动。

然而，想要准确获知消费者对广告的态度却非常困难。态度作为一种潜在变量，主观性强，通常无法直接观察，不过我们可通过人的语言、行为及对外界的反应等进行间接测量。

在消费者行为研究中，通常会引入一个测量工具——态度量表。

通过测量个体对某一事物极端的态度（如极好、极同意）至相反的极端态度（如极坏、极不同意）之间的态度位置，测量态度的方向和强弱程度。态度位置中间还可以再设置好（同意）、未定、不好（不同意）等不同阶段。这是一种直接测量法。

例如，在第八章中讲到的拼多多电视广告的作品评析中，为了研判受众对拼多多电视广告的态度，就采用了简单的态度量表测评法。在小范围的调研中（只发放了 106 份有效问卷），针对受众的广告态度，分别从①广告场景变化多端；②广告歌曲“魔性洗脑”；③广告内容通俗易懂；④广告语简洁明了；⑤广告内容有吸引力这五个维度，进行了打分测评。

结果显示，“通俗易懂的内容”“魔性洗脑的广告歌曲”“简洁明了的广告语言”三个方面得分较高，虽然对“广告场景变化多端”和“广告内容有吸引力”的满意度略低，但并不影响受众对该广告的整体态度。毫无疑问，拼多多的电视广告成功赢得了观众认可。

不过，上述测评方式还属于传统的调研方法，由于被测者的害羞、掩饰、敷衍、紧张等情绪，有时难以了解真实情况。此时，可以考虑采取投射法，如语句完成法、文字联想法、形容词选择法、绘画测验法等，间接地使被测者在不知不觉中表露自己的真实想法。

我们不妨回到阿迪达斯 2008 年奥运广告这个案例上。

该广告是典型的好广告（创意很棒，获奖无数），投放量也非常大，但整体效果与投入不成正比。益普索（Ipsos）市场调研机构关于对中国大众赞助营销认知度的调研也发现，在赞助商认知率上李宁远远高于阿迪达斯。导致这样的结果的原因很多，但是广告本身在沟通效果方面确实存在问题。

围绕“一起 2008，没有不可能”这一主题的广告叙事风格，过于宏大、严肃，难以引发共鸣，尤其是引起年轻人的共鸣。

VISA 信用卡的两则广告（刘翔、袋鼠版，成龙、姚明版）就让人印象深刻，广受好评，这多少反衬出阿迪达斯奥运广告的“硬伤”。该广告在叙事风格上可谓气势磅礴，震撼人心，但是震撼不等于情感共鸣。

也就是说，该广告给人带来了独特的视听体验，让人觉得震撼，但是在目标受众那里，并没有引发积极美好的情感体验和共鸣。这样一来，受众的广告认可度就会受到影响。

典型个案：别克 GL8 上市时的创意大作为何失效

2000 年，上海通用推出一款 MPV（多用途汽车），命名为“别克 GL8”，又称“别克商务车”，是中国汽车市场最早出现的商务车型，定位是“商务旅行车”，是别克开辟中国汽车新市场的大作。

别克对该款汽车寄予厚望，并为推广该车先后发布了两个版本的影视广告——“小鹿”篇和“陆上公务舱”篇（见图 4-8）。

图 4-8　别克 GL8 上市初期的“小鹿”篇和“陆上公务舱”篇的广告截图

“小鹿”篇是别克 GL8 发布的第一则影视广告，广告主题（也是广告语）是“有空间就有可能”[1]，主打“空间大”。

为了突出该车内部空间大，广告场景设置在一处环境静谧安详的湖边，在一群小鹿旁，GL8 悄然而至，打开车门，这些可爱的小鹿依次跃入

[1] 这句广告语有人认为是经典，主要依据是以此为主题的系列广告获奖无数，主创人员也被奉为无数文案、广告人的偶像，广告文案界还刮起了一阵“可能”风，如李宁的“一切皆有可能”，阿迪达斯的“没有不可能”，轻舟装饰的“有空间，一切皆有可能”。这恰恰反映出广告界的一种不健康的导向，崇尚创意（在乎个人荣辱），但漠视实效（忽视客户利益），结果就会出现火了广告，便宜了广告人，却苦了广告主的现象。

车内，整整七只，整体画面清新别致，唯美震撼，让人印象深刻。

该广告曾获得一系列国外广告大奖，即使在今天还依然被很多广告人视为经典，但在中国市场投放一段时间后，发现市场反应并不理想，最后不得不撤下，而后就有了“陆上公务舱”篇。

“陆上公务舱”篇把 GL8 定位成“陆上公务舱”（新广告语是“别克 GL8，陆上公务舱”），主打“高档商务车”。该广告把 GL8 与飞机的公务舱进行类比和关联，一方面突出该车的商务用途，另一方面力图打造高端形象。虽然该广告创意简单直白，制作不如“小鹿”篇精良，但是市场反响热烈，至少“陆上公务舱”是被市场高度认可的，该广告语被长期使用就足以说明问题。

一段时间后，经过“陆上公务舱”系列广告的“洗脑”，消费者看到 GL8 马上就会联想到“这是一辆上档次、有身份的商务轿车”，使该车成为商务车市场的第一品牌，很多后来者始终无法对 GL8 形成有效竞争。

一个顶着国际大奖光环的创意大作，广告人眼中的“经典广告”，市场效果却比不过一个创意平平的“土豪”广告。广告效果为什么会出现如此大的反差呢？

其实，当时国内经济正高速发展，企业充满活力，业务蒸蒸日上，对于高端商务车有极大需求。很多企业主希望有一款车，既能多装一些人，又有面子，接送企业贵客不掉档次。

然而，“小鹿”篇这则广告播出后的消费认知是什么呢？消费者可能认为别克商务车“不过就是一个大一点的面包车，空间大，装东西比较方便而已”。这种认知，无法支撑当时的高定价。

这是多让人沮丧的产品认知和广告效果！

可见，充满艺术情趣的创意没有打动“土豪们”的心，而“陆上公务舱”篇能起效，也就不足为奇了。

好广告应获得消费者的积极认可，尽量避免类似“叫好不叫座”的情况发生。

再如凯越 HRV，是为年轻都市新锐打造的一款车，以迎合该群体开放式生活状态、律动的人生节奏和个性化的休闲品位。其中，HRV 是英文“健康、休闲、活力”的首字母的组合。

2004 年，为了配合凯越 HRV 上市，别克推出了“木偶遐想”篇影视广告（见图 4-9），希望以此彰显 HRV 的魅力。

图 4-9　凯越 HRV“木偶遐想”篇影视广告的截图

该广告的主要内容是面对活力四射、周身散发着健康与休闲气息的两厢轿跑车，连橱窗里的木偶也被感染和激活，开始“遐想”：走出橱窗，开上 HRV，路遇美女搭顺风车，于是与美女来到海边，享受浪漫时刻。

这则广告存在的最大问题就是故事情节的设置。一是消费者无法明白整个情节主要都是由木偶“遐想”出来的，并不是一段“真实发生”的浪漫故事；二是觉得木偶竟然与美女谈恋爱，有些奇怪，至少无法带来美妙的情感体验和品牌联想。

针对该车型，2006 年的广告就换成了很生活化的“夫妻抢车”篇广告，2008 年接着推出了同样生活化的“动力”篇广告。这两则广告似乎更贴近“健康、休闲、活力”的品牌定位和车主群体形象。对比之下，谁更能打动消费者，一目了然。

所以，创意再棒，还要消费者买账。在创意与实效之间，必须找到一个平衡点。广告人不能为了拿奖，而刻意玩新奇、玩创意。

广告人应该知道的记忆原理与类型

曾有人提出一个问题：为什么一些没什么创意的广告却能被人熟知？

答案很简单，品牌传播专家余明阳曾总结传统广告成功的三个秘诀：投放量、诉求点、记忆点。

也就是说，广告效果通常取决于投放量、诉求点和记忆点这三个要素。一些没什么创意和记忆点的广告却能被人熟知，或许得益于投放量或诉求点。不过，在这里不讨论投放量和诉求点，重点说说与记忆效果直接相关的记忆点问题。记忆点很多时候代表着广告的创意水平。

记忆是一种心理过程，是人脑对经历过的事物的反应，是人们对经历、感知过的事物（如任何人或物、声音、气味、味道、问题、情绪和情感等）的印象，经过加工保存在大脑中，会在头脑中留下痕迹，并在需要时在一定条件下提取并呈现出来。

所以，完整的记忆活动应该包括记住和忆起。记不住也就无所谓忆起，忆不起就说明可能遗忘了。

根据记忆内容的不同，记忆可分为形象记忆、运动记忆、情绪记忆和逻辑记忆。记忆内容的不同，也体现为回忆激发方式的差异。

形象记忆是以感知过的事物形象、场景为内容的记忆，可以是视觉、听觉、嗅觉、味觉、触觉的，但都以人的感官体验为前提。

运动记忆又叫肌肉记忆，是以过去做过的运动或动作为内容的记忆，一旦形成，一般不会忘记。

情绪记忆是以体验过的某种情绪和情感为内容的记忆。值得一提的是，情绪记忆总是优于其他任何一种记忆，比其他记忆的印象表现得更为持久深刻，甚至让人终生不忘。

逻辑记忆也叫语义记忆，是对一般知识和规律的记忆，是具有高度理解性、逻辑性的记忆，以语词、概念、原理等为记忆内容。

此外，根据记忆时长，记忆还可以分为瞬时记忆（感觉记忆）、短时记忆与长时记忆；根据记忆的主观能动性，还可以分为有意记忆和无意记忆。

如何让消费者记住广告？

如何让消费者长久地记住广告？

如何让消费者愿意主动去关注和长久地记住广告？

在一定意义上，让消费者记住广告是广告人的核心使命。只要消费者注意到了、记住了广告，其他事情就简单多了。

出色的广告往往能形成鲜明的记忆点

所谓广告记忆点，是指受众接触过广告后（不限遍数）能够长期记住的信息和体验感受。成功的记忆点应该能够支撑核心诉求点，成为积极的品牌联想单元。

广告记忆点是广告遵循消费者记忆规律的一种传播结果。观众不大可能记住广告的全部，只会记住最突出的一个点，甚至只是留下一种强烈的情感体验和广告印象，这就是广告中的记忆点。

铁钉虽小却能穿墙。在广告传播中，创造记忆点极其重要。创造记忆点被广告界公认为一种有效的广告策略、创作技巧与重要原则。

只要广告人自身能够在消费者脑海中建立鲜明的记忆点，那么在争夺注意力的战斗当中，就有更多获胜的机会。正因如此，广告记忆点被看作“品牌的无形资产”。

广告要想让人记住，就需要提供一个让人记住的东西。在广告传播中，形成记忆点的方法通常有功能记忆点、争议记忆点、形象记忆点和情绪记忆点等。

（1）功能记忆点，就是广告把自己的功能点、利益点、利益支撑点说清楚，鲜明单纯，直抵人心，让人印象深刻。

功能记忆点大多是经由逻辑关联、语义表达等形成的，应该坚持 KISS 原则[1]，就像“农夫山泉有点甜”“怕上火就喝王老吉”“送礼就送脑白金”“头屑去无踪，秀发更出众”一样，一语既出，终身难忘。

（2）争议记忆点，就是广告通过设置一些争议焦点而被广泛关注和记住，本质上是逻辑记忆的结果。很著名的案例就是贝纳通，每次广告都因为大胆出位、惊世骇俗，而引发广泛关注和争论，最终给人留下深刻印象。

争议记忆点大多是通过人们的争议而形成的。2006 年下半年，CCTV6 播出一则上海家化广告，因为孩子的一句“妈妈，长大了我要娶你做老婆”而引发涉嫌“乱伦”争议。结果“孩子娶妈妈”成为该广告的记忆点。

2018 年世界杯期间，海信在俄罗斯播出的广告，因为声称“中国第一”而引发是否违反《中华人民共和国广告法》的争议，结果“中国第一”

---

[1] KISS 原则也叫懒人原则，是 Keep It Simple, Stupid 的简称，就是广告必须简单到连傻瓜都能懂，强调广告创意（设计）必须单纯简约，诉求点单一集中，不要在一则广告中试图说两件事。

却成为海信电视世界杯广告的突出记忆点。

（3）形象记忆点，就是广告经由特定的形象体验，在消费者头脑中形成记忆，如看到过的画面（符号）、听过的音乐（旋律）、嗅过的气味（通感）、尝过的滋味（通感）、触摸过的物体（通感）等感官体验而形成的记忆。

形象记忆点可以通过形象记忆、场景记忆、旋律记忆、通感记忆等形成。有些品牌会从品牌识别的战略高度，将品牌识别符号设置成广告的记忆点，就像德芙巧克力的丝带（典型形象）、佰草集的荷叶绿（典型色彩）、各种品牌吉祥物（虚拟形象）、英特尔的“噔噔噔噔”（典型声音）、汇源果汁的“汇源果汁”（典型声音）等。

2018 年世界杯期间，来自 BOSS 直聘、马蜂窝、知乎等的“洗脑”广告[1]，经过世界杯期间的密集投放，一夜之间，BOSS 直聘的齐声呐喊、马蜂窝的“唐僧”、知乎的无厘头问题等，都成了它们各自的记忆点。

（4）情绪记忆点，就是广告经由特定的情绪营造、传达和刺激，在消费者的广告接触过程中，给其留下深刻的情绪情感体验。

情绪记忆点大多是广告通过引发情感共鸣、价值观认同，使用夸张、幽默、悬念等修辞手法而形成的。

一些广告通过回忆往事（南方黑芝麻糊的怀旧广告），营造美好浪漫（百年润发广告），营造温馨友爱（三九感冒药广告），营造焦虑紧张、轻松愉悦、幽默搞笑、励志奋进、英雄情怀、小资小调、“萌萌哒”无厘头等情感调性，借此引发目标受众的情感共鸣，甚至价值认同。

情绪记忆点在近些年流行的“情怀广告”中体现尤为明显，如钉钉的创业情怀（励志）、红星二锅头的英雄情怀（成功）、江小白的小情怀（青

[1] 这些广告曾引发了巨大争议，但关于对他们的争议，主要是由简单、直接、粗暴的广告（内容）被狂轰滥炸式的投放所引发的，若投放密度没那么大的话，也不至于引发争议，而并不是因为对其内容有争议。

春）、蒙牛世界杯的"要强情怀"（精进）等。这些"情怀广告"通过文案的推波助澜，让情绪的记忆点更加清晰、可描述。

就单个品牌的广告传播活动而言，创造记忆点是个系统工程。记忆点并非单薄、孤立的存在，每个点的背后应该包含大量的产品或品牌信息。只要记住并激发了这个记忆点，就可以实现以点带面，自然引发丰富的品牌联想。

每则广告，只要能创造一个令人印象深刻的记忆点，就算找到了记忆和回想的"搜索关键词"。

从整个品牌传播战略来看，不同的记忆点之间可以形成有序的记忆点系统。比如：

（1）功能记忆点有助于夯实品牌的根基。

（2）内容记忆点有助于塑造品牌的形象。

（3）情绪记忆点有助于雕刻品牌的灵魂。

（4）争议记忆点可以成为消费者回忆品牌的特殊按钮。

所有这些记忆点，都可以成为人们记住、忆起一个品牌的"检索关键词"。

就打造广告记忆点的策略而言，有几条原则值得注意：

（1）记忆点要具有显著的差异性，有助于建立品牌个性。

（2）记忆点应简单易记。

（3）记忆点本身应符合产品特性。

（4）记忆点背后应建立面的纵深，便于以点带面。

（5）必要的重复传播。

总之，如果想让广告成功，那就给广告创造一个令人印象深刻的记忆点吧！

典型个案：那么“快”的盒马鲜生还是生鲜电商吗

盒马鲜生是阿里巴巴旗下的公司，是阿里“动物园”的新成员（园子里还有天猫、菜鸟、蚂蚁等）。

盒马鲜生经过两年多的筹备，才投入运营。直到 2017 年随着马云到店走访，盒马鲜生才被推到了聚光灯下，引发广泛关注。

根据 360 百科 2018 年 7 月 25 日更新的资料显示：盒马鲜生是阿里巴巴对线下超市彻底重构的新零售业态。盒马是超市，是餐饮店，也是菜市场，但这样的描述似乎又都不准确。消费者可到店购买，也可以在盒马 App 下单。

2018 年调整后的盒马鲜生，最大的特点之一就是配送快。

盒马鲜生承诺从 2018 年 4 月 1 日起，配送改为 24 小时随时配送，最快到达时间为 30 分钟（见图 4-10）。

图 4-10　盒马鲜生“江湖救急”系列广告主题句

为了宣传这个 24 小时不间断的配送业务，盒马鲜生推出了三则 60 秒“江湖救急”系列视频广告，分别是“观音送子”篇（送避孕套）、“‘姨妈’驾到”篇（送卫生巾）和“炒鱿鱼”篇（送充电宝）。

在“观音送子”篇里（见图 4-11），一对小年轻深夜正在干柴烈火之际，发现没避孕套，情急之下赶紧在盒马鲜生 App 上下单。一边是室内的激情戏在继续，一边是室外的一场“时间争夺赛”：天上，“送子观音”怀抱婴儿，腾云驾雾而来；地上，盒马鲜生的盒马小哥，骑着电动车风驰电掣。在“送子观音”敲开门即将送子成功时，盒马小哥及时赶到，“送子观音”只好退场……

图 4-11 盒马鲜生“江湖救急”之“观音送子”篇影视广告截图

在“‘姨妈’驾到”篇里（见图 4-12），美女马上要来例假了，却尴尬地发现自己家里根本找不到卫生巾，情急之下赶紧在盒马鲜生 App 上下单。一边是室内的焦急等待，一边是室外的一场“时间争夺赛”：盒马小哥正骑着电动车，与驾驶红色跑车的“大姨妈”上演着一场“速度与激情”。最后一刻，盒马小哥先“大姨妈”一步到达，女孩的“危机”就此解除。

图 4-12 盒马鲜生“‘姨妈’驾到”篇影视广告截图

在“炒鱿鱼”篇里（见图 4-13），大巴车上，一位员工被老板微信问话，要工作材料，并扬言 30 分钟拿不到材料，就炒他鱿鱼！而员工这才发现，手机只剩下了 2%的电量，无法发出资料，他紧张得在脑海里浮现了老板炒鱿鱼的场景，情急之下赶紧在盒马鲜生 App 上下单。就在老板的鱿鱼车快到时，盒马小哥及时赶到，送上了充电宝，员工的“危机”也就此解除。

图 4-13　盒马鲜生“炒鱿鱼”篇影视广告截图

这三则作品情节设置类似，都通过对比镜头，特意设计了盒马小哥与“送子观音”、红色跑车、炒鱿鱼车等的比赛，营造出争分夺秒的紧迫感，以凸显盒马小哥的快，而且不分昼夜，30 分钟送达。

就这个系列广告的效果而言：首先，大部分人都能够理解“江湖救急”这一主题，同时对盒马鲜生 24 小时、30 分钟送达的送货服务印象深刻。

这三则广告符合网络传播规律，广告本身轻松幽默、夸张，充满戏剧性，看点十足，可谓脑洞大开，创意十足，将一个“快”字演绎得淋漓尽致，很容易让人记住。

从创造记忆点的角度看，这三则系列广告无疑是成功的，共同强化了“送货快”这个服务特色。但是，在小范围的调研中发现，这三个系列广告也给消费者带来了认知混乱。

一是品牌定位上的认知混乱。“盒马鲜生还是生鲜电商？”这是大多数人的疑问。也就是说，一家主营新鲜食材的电商平台，怎么突然开始销售避孕套、卫生巾、充电宝等生活用品了呢？

由于之前的宣传，加上盒马鲜生的品名，在熟悉盒马鲜生的消费者的认知中，盒马鲜生是一家专营生鲜产品的电商平台。即使在其官网上，也会发现其广告语是“盒马 鲜美生活”，主视觉图片也全部是食品。

或许从经营定位上，盒马鲜生已经开始由专营新鲜食材开始向综合电商平台转型，官方平台上也有关于其服务内容的提示，如“一站式购齐”“SOS 药品专栏”。问题是，三则广告完全与新鲜食材服务的主营业务没有一点儿关系。既然盒马鲜生不再专注生鲜食材服务，该系列广告也许应当趁机宣传一下盒马鲜生的新定位。

二是带来部分消费者对品牌的误解。对于那些先前不了解盒马鲜生的受众，他们看过广告后，还以为盒马鲜生是一家类似于饿了么、美团外卖等的外卖公司。这恐怕是盒马鲜生不愿意接受的“意外收获”吧。

三是带来利益点上的认知偏差。该系列广告只顾突出送货“快”，但是实际上在演绎“快”这一卖点时，已经偏离了盒马鲜生服务承诺的本质，把消费者“求快”演绎成了“江湖救急”，尤其是三则广告选择的应用场景全部是发生在“夜间”的“意外之需”。

实际上，消费者“求快”有时不是为了应急，而是为了节约时间，不愿等待太久；尤其是针对其新鲜食材的服务需求，“求快”是为了新鲜，这才是消费者选择盒马鲜生的重要理由。所以，该系列广告在演绎“送货快”这一卖点时，应当围绕“送货快”所带来的益处做文章。

看来，有了好创意，有了出色的记忆点，还要让记忆点与品牌之间有着积极的正向关联，不能偏离品牌的核心定位，不能导致消费者的品牌认知混乱、误解甚至产生消极关联。

创造广告记忆点，需要遵循必要的规则和策略。

第五章

GRR 广告评析第三步：成因分析（上）

从本章开始，将正式进入广告作品评析的第三步，即成因分析。本章重点从品牌命名策略、市场定位策略（广告受众策略）、产品定位策略（广告诉求点策略或主题策略）、诉求方式策略等角度，探寻广告成败的原因。

品牌名称是广告传播的起点

名称是信息和人脑之间的第一个接触点。在营销传播的世界里，名称是消费者认识品牌的第一抓手。

品牌就好比人，一出生就要有个名字。名称对于一个人是姓名，对于一个品牌就是品名。

所谓品牌名称，就是品牌的名字。中文品牌名称包括字形、字义和字音。在“传播就是营销”的时代里，非常重要的一个营销决策就是给新品牌起个好名字。

好的品牌名称几乎就是一笔巨大的无形资产，它能给企业带来丰厚回报。反之，糟糕的名字，将会给品牌的发展带来无尽的营销障碍和烦恼。

品名就是资产。品牌名称被认为是品牌的核心要素，是品牌资产的重要载体，是品牌生命特征的浓缩。

品名就是广告。一个好的品牌名称本身就是一句简短、直接、有力的广告语，能够迅速而有效地表达品牌的精神内涵和气质形象，体现品牌的个性、特色，是品牌之魂。

品牌名称如此重要，那么该如何成功给品牌起名呢？

在成功给品牌起名之前，需要知道好名称的标准，或者说知道什么样的品牌名称才算合格。

（1）与时俱进，反映时代特色，符合时代认知。这是非常重要的标准，名称应该具有时代性，紧贴时代发展脉络，体现时代气息，不可脱离时代。

（2）尽量考虑品牌发展远景，要有弹性。这是对第一条的补充，时代性也意味着局限性，一个持久存在的品牌，显然不能只生活在一个时代。此外还要合法，要具有跨越文化和地域限制的能力。

比如三全水饺。今天恐怕没几个人知道“三全”这个名称的来历或本意了。实际上，“三全”是乘着党的十一届三中全会的东风而诞生的品牌，为纪念党的十一届三中全会才取此名。但是发展到了今天，“三全”应该与时俱进，使传播增加更多新的含义。还好“三全”本身具有普适性。在今天，“三全”可以代表企业的服务精神、质量承诺，也可以体现企业精神或发展愿景。

但是，像“这样紫啊”“啤儿茶爽”“HELLO-C”[1]等品牌名称，由于过度互联网化，已然失去了普适性和延展性，无疑成为快餐化品牌命名的牺牲品。

---

[1] “这样紫啊”源于网络流行语“酱紫”，“啤儿茶爽”属于茉莉茶啤酒风味饮品，“HELLO-C”是一款柠檬柚子复合果汁饮料。

（3）具有良好的关联性。如拼多多[1]、企查查[2]、知乎[3]、得到[4]等，虽然也有着突出的互联网特色，但是能充分反映其行业属性和业务特色，易于消费者接受和理解。

（4）能直接形象地反映应品牌定位，不能空洞苍白，或者晦涩难懂。这一点在互联网时代体现得尤为鲜明，如近些年出现的一些互联网背景的品牌，像小米、瓜子、饿了么、豆瓣、唯品会等名称都不错。

（5）要使用目标消费群能懂的“语言”。也就是说，在字形、字义、字音上，都应该易于传播，易于记忆，像宝宝树、摩拜、滴滴、闪送、江小白等这些互联网背景下的品牌名称，就表现得很好。

以上所谓的好名称的标准，其实是从品牌建设和品牌传播两个角度来考虑的。从品牌建设的角度，要考虑其时代性、普适性和关联性等；从传播的角度，要考虑其传播难易度的问题。

不同时期，人们对品牌命名的理解和重视程度不同，正如有些人形容的，20 世纪七八十年代的品牌名称，有些就是“出了植物园，就进动物园”，而在互联网时代，品牌命名似乎更喜欢“非主流化”，充满网络文化特征。这种变化既是时代潮流使然，也是命名理念使然。

从品牌命名的常见思路和名称类型看，大致有以下几种。

（1）消费者利益命名，常见的有：功效性名称、情感性名称、抽象性名称。一般情况下，功效性名称适合具体的产品名，情感性名称适合涵盖多个产品的品牌名，抽象性名称适合产品众多的家族式企业名。

（2）他名借鉴命名，常见的有：人名名称、地名名称、物名名称、自

---

[1] 拼多多是国内目前主流的手机购物 App。用户通过发起和朋友、家人、邻居等的拼团，以更低的价格，拼团购买商品。

[2] 企查查是一款企业信息查询工具，立足于企业征信的相关信息整合，经过深度学习、特征抽取和使用图构建技术，为用户提供全面、可靠、透明的数据信息。

[3] 知乎是一个真实的网络问答社区，用户在上面分享彼此的专业知识、经验和见解，用户黏性非常高。

[4] 得到是主打知识服务的 App，通过订阅专栏、付费音频、电子书等方式为用户每天提供有价值的知识内容。

创名称等。一般情况下，人名适合传统行业，富于历史感，如国内的王致和、老干妈，国外的 Walmart(沃尔玛)、McDonald's（麦克唐纳）、Watstons（屈臣氏）、Panasonic（松下）等；地名适合以产地闻名的品牌，如黄鹤楼烟、茅台酒、景德镇瓷器、哈尔滨红肠、青岛啤酒等；物名容易给人以亲切感，如天猫、猎豹、骆驼、小天鹅、三只松鼠、苹果、瓜子等；自创名则适用于各类品牌尤其是时尚、科技品牌，如 SONY 等。

（3）文字类型命名，常见的有：汉字名称、数字名称、外语名称等，像 999、三一重工、3M、KID、IBM、VIVO、OPPO 等。

从品牌命名的流程看，大致包含以下几个关键环节：前期调查—选择合适的命名策略—动脑会议—名称筛选（法律审查、语言审查、内部筛选）—目标人群测试—确定名称—注册商标保护。虽然在具体操作中，未必都严格按照上述流程，但其内在逻辑大抵如此。

品牌命名是一门科学，也是专业性很强的营销实践，一些大企业在开发新品时，通常会将命名业务委托给专业公司。

但是，不管什么命名思路、操作流程，基本都要遵守两大原则：有利于品牌延展和有利于品牌传播。

虽然品牌命名通常不是广告人该考虑的事情（大多数时候也没机会考虑），但是广告人在品牌名称面前也并非无事可做、无能为力。

广告人面对已经确定了的品牌名称，需要进行机智的诠释和演绎，在需要的时候必须让名称与时俱进，赋予名称全新的内涵，在面对不理想的名称时要想办法消除或降低传播障碍。

总的来说，广告的主要任务就是“巧传事实”，让人们开心地记住品牌、喜欢品牌。

名称不好，前景难料

品牌名称是广告作品评析的关注重点。名称作为人脑对一个品牌的第一记忆点，是人们认识一个品牌的第一抓手，其好坏优劣直接影响广告的传播效果。

正如前文所讲，好名称是一笔无形的资产，而糟糕的名称将给品牌的发展带来无尽的障碍和烦恼，表现在广告中就是阻碍广告的有效传播。

下面分别从品牌名称的字音、字义、字形的角度，说明广告中的品牌名称问题。

一是字音问题。

关于字音，首先要关注谐音。在品牌名称中，要注意避免出现谐音有不好的含义的情况，如一个品牌叫“培蒙”，就很容易让人听成“赔蒙”。

其次要关注多音问题，最典型的例子就是壳牌（Shell）[1]润滑油，在英文发音中不会有问题，但在中文中，到底是“qiào”牌还是“ké”牌，已经让很多人抓狂了。

再次就是要关注发音拗口的问题，如有一款洗衣粉叫“鹏锦”，很容易与彭静、彭婧、彭晶、彭锦、盆景等发音混淆。实际上，鹏锦这个品牌名称来自企业名称。

最后就是要注意各地方言发音，如 si-shi、zhi-zi、chi-ci、jing-jin、tian-quan 等，在一些地方，作为字形、字义看时，没有什么不妥，但一读

---

[1] Shell 的英文意思是“蛋壳、壳、核壳、（相对于与核）的外壳”，可是“壳牌”的中文发音实际上为 qiào pái。

起来可能就有忌讳了。

针对发音容易出问题的品牌，就要关注广告作品本身是否对其进行了巧妙合理的处理，尤其在影视广播广告中，更要关注是否会引发听众的听觉歧义。

二是字义问题。

关于字义问题，首先要关注字面含义是否有问题。消费者第一时间接触一个品牌，往往会从字面上理解它的含义，最好能给人积极的联想和心理感受，尽量寓意美好、体验积极，如“美加净”“万家乐”“百事可乐”“可口可乐”“黄金酒”等。

再一个就是关注是否会有不良联想。有一个很典型的负面例子，那就是霸王凉茶。

很多专家会从品牌延伸[1]的角度解读霸王凉茶失败的原因，但是单单从品牌传播的角度来看，“霸王”在人们心目中的洗发水形象，已经根深蒂固，这一心智不会轻易改变，消费者很容易把霸王凉茶与霸王洗发水关联起来。问题是，一旦消费者将洗发水与凉茶联系在一起，霸王凉茶的命运就难以预料了。

三是字形问题。

关于字形问题，应主要关注两点：一是字体结构，关注每个字的复杂程度，以及它们组合在一起是否容易辨认等；二是字体形态，也就是字的形体艺术能否引发恰当的品类联想，如“细线构成的字形”容易让人联想到香水、化妆品、纤维制品、工艺制品等，“圆滑的字形”容易让人联想到香皂、糕饼、糖果、饮料等。

---

[1] 品牌延伸是指在已有相当知名度与市场影响力的品牌的基础上，将原品牌（名）运用到新产品或服务中，以期减少新产品进入市场风险的一种营销策略。决定品牌延伸成败的几大关键因素：①品牌感知度，即消费者对品牌的“感知质量”；②品牌定位度，即品牌的独特档次与个性特色，受品牌适应度与品牌竞争力这两个因素影响；③品牌知名度，即品牌在消费者中的知晓与熟悉程度。品牌知名度包括品牌识别和品牌记忆；④相关性，即产品相关度和受众相关度。以霸王凉茶为例，从品牌延伸策略看，被认为犯了“违背常识的低级错误”。

典型个案：鹏锦洗衣粉会“悲剧”吗

首先介绍一下鹏锦洗衣粉广告的有关背景。

鹏锦洗衣粉由广东鹏锦实业有限公司出品。该公司成立于2004年12月，地处揭阳市揭东经济开发区。2010年，鹏锦实业推出“鹏锦”品牌的家居洗涤产品，包括洗衣液、洗衣粉、洁厕精、漂渍液、皂类等共六大品类上百个品种。

2013年，鹏锦花费百万元力邀当红女星为“鹏锦”洗衣粉代言，其广告先后在中央电视台、各省卫视台、地方电视台等国内主流媒体上播放，一开始瞄准一、二级市场，只是形势逼人，后来被迫转攻三、四级市场[1]。

就最后的市场表现而言，鹏锦洗衣粉的市场表现并不理想，甚至还有专家专门为此写过一篇名为《破局无方 鹏锦洗衣粉营销策略的三大败笔》的文章，认为其失败的主要原因一是目标市场定位不清晰，似乎将产品铺向了整个市场；二是渠道模式落后，省级总经销导致效率严重低下；三是盲目广告轰炸，缺乏整合传播，市场破局缺乏奇招。

在此，重点就广告中出现的品牌名称做个简单分析。

针对鹏锦洗衣粉广告，在正式评析之前不妨先做一个“联想”测试。问题如下：

(1) 若“鹏锦”是一个产品的名字，你觉得这个产品该是什么行业的产品？

针对该问题，我们请了70名大学生参与回答，比较集中的答案有几类：

---

[1] 在中国，有人把市场大致划为四级市场。所谓“四级市场”，是基于中国市场复杂性的一种市场划分方式，即将中国市场划分为四个级别：一级市场、二级市场、三级和四级市场。一级市场一般指特大城市和一线城市（多为省会城市），二级市场指大量的二、三线城市（地市级城市），三、四级市场指县城、乡镇和广大农村地区。这四级市场存在显著差异，如在消费者行为特点上：一级市场看品牌，二级市场看功能，三、四级市场看价格。当然，这也这是一个相对的市场划分，由于不同产品的市场成熟度和普及程度，以及竞争程度不同，其在不同市场所体现出来的品牌意识和购买行为也会存在较大差异。

一是食品类：面粉、熟食、小吃、膨化食品、火腿肠、冷鲜肉、辣条、速冻冷鲜、蔬菜等，其中关于火腿肠、冷鲜肉的联想最多。

二是动植物类：植物、盆景、盆栽、金鱼、锦鲤、花等，其中盆景联想最多。

三是布艺类：布料市场、床上用品、织物、服装、服饰、丝巾、刺绣、绸缎、锦缎、丝绸、袜子、毛巾、围巾、地毯、棉被、窗帘、降落伞等，其中锦缎、丝绸联想最多。

四是日用品类：超市、日用品、脸盆、电动三轮车等。

五是房地产类：房地产、建筑公司、地名。

六是化工品类：洗衣液、洗洁精、化肥。

在这么多的品类联想中，只有日用品和化工品稍微与鹏锦的真正行业属性接近，丝绸、锦缎等布艺类的联想算是正面的积极联想，只有个别学生联想到了洗衣液、洗洁精等。

可见，若仅通过字面意思让第一次接触该名称的消费者联想，其行业属性是比较弱的，正确的品类联想度非常低。

(2) 若从产品使用性别上划分，你觉得“鹏锦”这个产品是卖给男性还是女性的？

针对该问题，90%以上的参与调查的大学生都认为是男性，不到 10%的参与调查的大学生认为性别“不明显”。而事实上，洗衣粉产品的主要购买和使用者均为女性。这样的结果让广告主情何以堪？

显然，该品牌的命名并没有经过严谨的论证，而是想当然地直接用了企业名称。企业名称与直接面向消费者的品牌名称，在命名原则上还是有很大区别的。

在后期的问卷调查中，也直接证实了该品牌名称存在的问题。

在 70 位广告专业学生的答卷中，针对“你认为‘鹏锦’作为洗衣粉品牌名，主要问题是什么”的调查中，60%认为“缺乏品类关联度，不像洗化用品的名字”，27%认为“缺乏品牌关联度，体现不出‘我能干什么’”，11%认为“发音困难，叫起来不响亮、不顺口”。

相比之下，“就洗衣粉品牌名称而言，你个人更喜欢哪个名字？”（该题为多选，限选 3 个以内）在所列的 24 个品名中，70 位广告专业的学生大多数把票投给了奥妙、汰渍、碧浪、超能，其得票数均超过 45%，而奇强、浪奇、洛娃、奥奇丽、家家宜、金鱼、劳工、船牌、鹏锦等，得票数都是零。

虽然该调查有一定的局限性（如这些产品面向的目标人群有所不同），但多少能够反映品牌名称上的差距，尤其是鹏锦的局限性。有耳朵灵敏的人就指出，广告中代言人竟然将“鹏锦”读成了“盆景”，此品名发音之拗口，可见一斑。

除了品牌名称所带来的传播障碍，鹏锦洗衣粉的广告在目标人群定位（即市场定位）、产品定位（即诉求点）上也存在问题。

在市场定位上，代言人在广告中的形象，明显是职场“白骨精”，这与该产品最终的消费人群明显差异巨大，最终该产品还是主打农村市场。让当红明星代言，本身就值得商榷，尤其是她在广告中的形象设计。

在产品定位上，第一则广告主打“让衣服焕然一新”，显然这一诉求不是三、四线家庭主妇所重视的，直到后来才又推出新版广告，主打“去污能力强、不伤衣服”的特点，明显是在弥补第一则广告的产品定位不准和诉求点偏差的过失。

不管怎么讲，鹏锦洗衣粉的市场表现并不理想，虽然原因有很多，但是广告本身存在很多“硬伤”也是不容回避的事实，至少广告没有有效破除名称障碍。

正确理解市场定位和产品定位

相对于品牌广告和公益广告，产品广告更注重产品的推广和销售。由于产品的消费人群构成具有一定的复杂性，所以企业在制订产品销售策略的过程中，务必明确消费其产品或服务的人群构成特点，同时广告应非常清楚其沟通对象。

在评析广告作品时，关于市场定位策略的剖析，需要重点关注市场定位的合理性，以及广告受众与核心消费人群的吻合度等问题。

在正确理解“市场定位”这个概念之前，有必要提到定位理论。定位理论由美国著名营销专家艾•里斯（Al Ries）与杰克•特劳特（Jack Trout）于 20 世纪 70 年代早期提出。

定位理论被认为是 20 世纪最伟大的营销理论之一。2001 年，被美国营销学会评为“有史以来对美国营销影响最大的观念”，它改变了旧有的营销认识，开创了新的营销之道。

然而，时至今日，很多人还是说不清什么叫定位，该理论的创立者在概念上也存在着一些逻辑混乱。于是，在营销传播界，出现了令人眼花缭乱的各种“定位”说辞：市场定位、产品定位、品牌定位、目标消费者定位、竞争对手定位、价格定位、卖场空间定位、广告定位、促销定位……它们的含义及其之间的关系，往往不得而知。

互联网上流行一种解释：“市场定位是企业及产品确定在目标市场上所处的位置。”该定义似乎在解释企业定位和产品定位，而非市场定位。

再如，“定位就是让品牌在顾客的心智阶梯中占据最有利的位置，使品牌成为某个类别或某种特性的代表品牌。”该定义把定位等同于品牌定位了。

再如，“广告定位实质上是一个树立产品形象的问题。”这到底是在说产品定位还是品牌定位呢？恐怕连作者本人也未必清楚，因为紧接着作者就根据定位的效应将企业分为四级：市场领导者、市场跟随者、市场挑战者和市场寻位者，这明明又是在讲企业定位。

里斯和特劳特则认为：“定位是你对未来的潜在顾客的心智所下的功夫，也就是把产品定位在你未来潜在顾客的心中。”“定位就是如何在预期顾客的头脑中独树一帜。”很显然这并不是对定位的严谨界定，只是从信息传播的角度，描述定位的目的和方法。

概念的混乱本质上是认知的混乱，进而带来实践的混乱，我们有必要追根溯源，回归问题的本质。

定位的本意是“确定位置”。

“定位”（Positioning）一词最早出现在航海领域，是一个技术概念。20 世纪 50 年代，随着海洋开发技术的发展，出现了动力定位技术[1]。到了 70 年代，出现了 GPS 卫星定位技术[2]，可以实时确定飞机、船舶、车辆、甚至个人在地球表面的具体位置。

自从里斯和特劳特 1969 年首次将定位引入（不是原创）广告传播领域后，定位便拥有了日益丰富的文化内涵，逐渐被各行各业、各个领域使用，大至一个国家到公司，小至一个产品到个人，我们常常听到国家定位、企业定位、人生定位、角色定位、事业定位相关的内容。

其实，不管如何应用演化，定位的本意并没有改变，依然是“确定位置”。在营销传播领域，定位依然只是寻找一个合适位置的方法和思路，不过它的出现将原来混乱的术语进行了很好的统一。

---

[1] 动力定位技术是使船舶或浮动平台保持在设定位置或方位的一种定位技术。

[2] GPS 卫星定位技术是不参考物体原先任何位置基准而独立确定精确位置的技术。

从认知心理学的角度来看，将定位引入传播学领域，还是有科学依据的。1956 年，美国心理学家乔治 • A. 米勒（George Armitage Miller）发表了研究报告《神奇的数字 7+/− 2：我们信息加工能力的局限》，由此发表了著名的“7 法则”：人的心智极其有限，只能记忆有限的信息，人们通常把信息进行分类存储（就像电脑的分类文件夹），每个类别通常不超过 7 条以上的信息。

米勒的研究揭示了消费者选择商品的秘密——消费者是“用品类思考，用品牌购买”的。例如，当你想喝水时，首先想到的是喝饮料或者矿泉水，若想喝饮料，会考虑是喝可乐，还是凉茶、果汁、奶茶等细分品类，若决定喝可乐，那么购买时就会直接提出是可口可乐还是百事可乐了。这个决策过程往往是在潜意识里完成的。

由此可见，定位理论在广告传播领域的发展与认知心理学的研究成果密不可分。在广告传播领域，定位的目标是为产品或品牌在目标顾客的脑海里确定一个合理位置，是对顾客心智下功夫的一个过程，是基于产品特性、消费者心理和市场竞争而实施的传播策略和思考逻辑，最终目标是为了获得市场优势。

接下来，将从广告作品评析的角度，着重阐述“市场定位”和“产品定位”这两个概念。这是定位理论的重要应用。

市场是一群有具体需求而且具有相应购买力的消费者的集合。市场定位就是确定企业的目标市场，是企业根据其产品确定目标市场的决策过程，本质上是对“把东西卖给谁”这一“人的问题”的决策与选择。

市场定位作为决策过程，通常要做的工作有：①分析总体市场和竞争对手；②进行市场细分；③选择目标市场；④规划目标市场区域；⑤进行经典目标市场和经典目标消费者市场特征的描述等。

产品定位是企业在完成市场定位的基础上，对“用什么样的产品来满足目标消费者或目标消费市场的需求”的决策过程。

相对于市场定位，产品定位更多是对“企业生产什么产品来卖给目标消费者”这一“物的问题”的定位。

产品定位必须以市场定位为基础，受市场定位指导，但比市场定位更深入和细致，是对市场定位的落地和执行。

产品定位需要确定用以满足目标市场的产品的：①类别与命名；②档次与定价；③产品体系与制作工艺；④核心功能与独特卖点；⑤包装风格等。

从专业领域看，市场定位和产品定位属于营销领域的实践活动，在它们之前还应该有企业的行业定位和企业发展战略这两个“企业运营层面”的定位问题。

相对而言，品牌定位更多属于传播学范畴，是“企业在市场定位和产品定位的基础上，对特定的品牌在文化取向及个性差异上的商业性决策”，主要任务是通过差异化传播增强产品竞争力。

现在再回头看里斯和特劳特的定位理论，本质上他们所说的定位属于传播学范畴，是市场定位和产品定位结果的具体输出过程，通过对受众（潜在顾客）的心智进行差异化传播，留下“独树一帜”的品牌认知。

市场定位对于广告传播来讲，对应的概念就是目标受众。广告要根据目标消费人群，确定沟通对象，要做到“见什么人说什么话”，要让对方听懂、爱听且印象深刻。

产品定位对广告传播来讲，最重要的就是确定产品的核心卖点，并将卖点创造性地“翻译”成独特的销售说辞（USP，独特卖点），即核心诉求。

典型个案：家家宜除菌洗衣粉广告为何不提“除菌”

2008 年 4 月，由东莞立顿洗涤用品实业有限公司生产的“家家宜”系列产品正式投入市场。

2009 年 6 月底，开始启用明星代言。同年 8 月，由明星代言的系列广告陆续在中央二套、中央三套、湖南卫视、安徽影视等媒体进行大面积投放。同时投放的还有各种 POP、DM 单张、店招、试用装等广告。

在家家宜除菌洗衣粉的广告中，出现了一个非常有趣或奇怪的现象，那就是产品特点与广告卖点之间出现了不一致。

具体来讲，家家宜洗衣粉的最大特点是洗得净和除菌“二合一”，除菌在当时更是独创。家家宜洗衣粉因为特有的“除菌”功能（据介绍，对繁殖性的细菌杀灭率达到 99.3%以上，家家宜也因此取得中华预防学会认证），不仅洗得净，还可以去除衣服上的细菌，由此诞生了一个全新品类——洗消合一洗衣粉，即消毒洗衣粉。

正因为如此，家家宜洗衣粉的名字干脆叫作家家宜除菌洗衣粉。将“除菌”二字直接出现在产品名称中，足见其独特性和厂家对此特性的重视。

然而，广泛投放的广告并没有主打“除菌”的概念，反而“洗得净”成了核心诉求点。

市场篇、喜宴篇、街道篇系列广告分别选取了菜市场（杀鱼）、宴席（吃饭）、路边早点（炸油条）三个容易招致污渍的场景，广告中，代言明星像“超人”一样拿着家家宜瞬间出现在污渍现场，一用家家宜，脏衣服立马洁白如新，而后一众家庭主妇与明星齐声高喊：“家家宜，去除污渍没问题！”

这样一来，问题就出现了：为什么具有显著差异化的除菌特点，最终没有成为广告的核心诉求点呢？

查阅资料发现，家家宜除菌洗衣粉在早期的市场定位中，根据产品的除菌特色（在这里似乎是产品决定了市场），计划将超过 90%的城市的 24～45 岁主妇列为潜在消费者。这个人群“乐于尝试新鲜事物、寻求较高生活质量、重视个人卫生及个人护理”。

但形势逼人，作为“四无”企业（无品牌、无资金、无销售队伍、无背景）的一个新品牌，家家宜可谓前有狼、后有虎，面临着奥妙、汰渍、奇强、碧浪、雕牌、立白、白猫等一众国内外大品牌的强势围攻。

前文在介绍中国的“四级市场”时曾指出，在消费者行为特点上，一级市场看品牌，二级市场看功能（性价比），三、四级市场看价格。所以，作为弱势新品牌，家家宜进入一、二级市场的成功概率非常小，而进入三、四级市场或有一线生机。

通过请明星拍摄的系列广告和2009年年初“包包送大礼”的促销广告，都可以清楚地看出，这些广告均以广大乡镇家庭主妇为受众和消费人群，市场定位俨然已从一、二级市场转到了三、四级城镇乡村市场，从中高端市场（虽然依然保持了高价）走向了低端市场（用赠送小礼品的方式变相降价）。

如此一来，家家宜在广告中突出“洗得净”也就不足为奇了。试想，面对价格敏感型的三、四级市场，“除菌”能成为强大的购买理由吗？至少在一段时期内，这个目标消费人群都不会太在乎洗衣粉是否能除菌，甚至不会太在意是不是不伤手、不伤衣物。

但当下几乎所有洗衣粉都能做到“洗得净”，家家宜凭什么用一句“去除污渍没问题”就让消费者买单？因为它是明星代言的？还是因为它有广告轰炸？或是因为这句话有说服力？都不是，至少不完全是。

针对价格敏感型市场，家家宜采用了颠覆性的促销策略，那就是“买一赠一”，买一袋洗衣粉，送一个塑料盆。由于塑料盆价格不菲且用途广泛，结果广受欢迎，到后来差不多变成了“买盆送洗衣粉”了。这是一场典型的促销拯救广告的营销战。

至少在当时，这一促销策略大获成功，让家家宜的市场规模在三年内从0做到6亿元。很快，“送盆”的促销方式被农药、化肥、种子、饲料等厂家广泛使用。

在这个案例中，家家宜在进行广告传播时，进行了产品卖点提炼上的大胆取舍，选择了洗衣粉共有的功能——洗得净，却舍弃了自己最具特色的功能——除菌。广告诉求调整的背后，是市场定位的调整。

不过，就家家宜除菌洗衣粉的除菌功能，到底是该强化还是该淡化，也是存在争议的。

有观点认为，从产品研发开始，除菌就是该产品的核心功能和最大特色，“除菌”应当是家家宜的差异化战略定位（这里的定位应该是指产品定位），应该以“除菌”作为一个新鲜概念，攻占消费者的心智，在广告传播中放大除菌功能，淡化洁净功能，而家家宜实际的市场运作无疑是“战术弱化战略，将好战略掩盖”，实在可惜。

但是，“除菌”（包括不伤衣物）似乎只在大城市才有较大市场。家家宜似乎也没有真心打算放弃“除菌”这一产品特色和卖点，之所以先进入三、四级市场，是因为容易切入，但最终还是希望能够凭借“除菌”这一特色再进入大城市的市场，就像大多数本土品牌（如雕牌、立白等）所走过的路线一样。这也是家家宜依然保持高价位的原因。

家家宜进入市场将近 10 年了，在今天的一、二线城市，却几乎看不到家家宜的身影，看来家家宜进入城市之路走得并不顺畅。甚至目前在整个洗衣粉市场上，也很少听到家家宜的声音了，有关家家宜的很多网络平台（官方微博、博客等）的信息更新日期，也停留在了 2012 年。

家家宜，到底怎么了？

在此，就不得不提家家宜洗衣粉在 2009 年年初推出的新广告“森林野人”篇。该广告描述了一个土著部落成员在狩猎，结果一个穿着满身污泥服装的部落成员被当成猎豹误伤了（被箭射中），后来用了家家宜洗衣粉，身上的衣服焕然一新、洁白如雪……广告主打“去污”，兼顾除菌，广告文案是“去污就用家家宜洗衣粉，还能除菌哦”。

从策略上看，这个广告做得有些草率。对于一个处于导入期的地方新品，一上来就玩国际品牌的创意套路，品名只出现一次，其幽默风格只有年轻人才能懂，陌生的表现素材更让广告的目标受众模糊不清，而且产品卖点模糊不聚焦，广告诉求缺乏说服力，该有字幕的地方没字幕，让人难以第一时间明白广告在说什么。这样的广告实际效果可想而知。

由此也可以看出，家家宜及其广告代理商，一开始并没有形成明晰的营销思路，甚至在后来请明星拍摄的系列广告中问题依然存在。

市场定位不对，广告必然白费

在广告作品评析中关注市场定位和产品定位问题，实质上就是根据广告传递出来的信息，找寻影响传播效果的终极原因。若市场定位本身就有问题，或者说是错误的，那么广告再如何卖力吆喝，恐怕也于事无补。

本节将通过两个典型个案，探讨市场定位容易出现的问题。

在市场定位中，最容易出现的问题就是贪大求全和盲目出击。这种因为市场定位而表现出来的策略性问题，在广告中同样会暴露无遗。准确的定位是广告运作成功的前提。

典型个案：桑姜感冒胶囊“风热风寒都有效”，你信吗

所谓贪大求全，主要的表现就是不加细分，想要通吃市场，在广告中的表现就是，在有限的时间和空间里塞进几乎所有的产品利益点，若是保健品就想说“预防百病”，若是饮料就想说“四季皆宜”，而且希望男女老幼通用。

2011年年初，一则“另类”的感冒药电视广告（同期还有平面广告）高调登场，那就是号称“风寒风热都有效”的好医生桑姜感冒胶囊广告

（见图 5-1）。该广告在多家电视媒体上投放，30 秒广告反复强调一个卖点：风寒风热都有效。

图 5-1　桑姜感冒胶囊广告

在这则广告中，出现了一个比较有争议的市场定位问题。从产品类别划分，该产品毫无疑问属于感冒药，而且是中药感冒药，主攻感冒市场。由于该药属于内科感冒类非处方药，所以面临着对感冒类型的划分问题，即市场细分问题。

在西医理论中，感冒通常被分为病毒性感冒和细菌性感冒，而在中医理论中，感冒则通常分为风热感冒和风寒感冒。正基于此，很多中药感冒药都会明确说明主治风寒感冒或风热感冒。市场需求决定了市面上风寒感冒药更多一些，但是很少有称感冒药对两种感冒都有效。

不讲严格的中医理论，单从消费者的日常认知（常识）看（这是广告传播应该重点关心的），大部分人都知道两种感冒的症状和用药是不同的，但是现在桑姜感冒胶囊却宣称“风寒风热都有效”，从道理上怎么讲得通呢？

于是，在该广告播出后，网上出现了一些求助信息：

为什么桑姜感冒胶囊是风寒风热都可以治呢？

风寒感冒和风热感冒都可以用桑姜感冒胶囊吗？

桑姜感冒胶囊到底是治疗风寒感冒还是风热感冒呀？

请问医生桑姜感冒胶囊是治风热感冒还是风寒感冒的?

夏天感冒可以吃桑姜感冒胶囊吗?

该广告给消费者带来的认知困惑还是不小的，这些问题的潜台词其实是在问：这则广告不是“忽悠”我们消费者的吧？这个产品靠谱吗？

很快，有专业人士专门撰文质疑该广告。在《好医生桑姜感冒胶囊，这样宣传对不对？》一文中，作者认为其产品定位有问题，一是违背一般老百姓和多年来中医对感冒的基本认知，患者接受难度太大；二是新概念创新有余，但对销售拉动不大；三是没有真正突出产品本身的特色。

与此同时，网络上还出现了一些“认真”的问与答：

桑姜感冒胶囊为什么叫智能感冒药?

桑姜感冒胶囊能治寒包火感冒?

听说市面推出了一种智能型感冒药，想了解对冬季的感冒有用吗?

这两天总看到好医生的桑姜感冒胶囊的广告，不知道疗效如何?

很明显，这些问题问得很专业，或者说太专业、太用心了，一看就知道不是一般消费者提出的，而是“专业选手”提的，如智能型感冒药、寒包火感冒这些生僻的专业术语，普通消费者应该不会提出来。问题下面的详细解答，更证实了这是一种营销手段。

不过这些问答营销，却一不小心暴露了该广告传播中面临的因为市场定位奇特所带来的产品定位窘境，于是不得不通过网络问答进行补充解释，甚至提出一个意在突出产品特色的全新概念——智能型感冒药。真是够费劲儿的！

其实，有一类感冒药是风热风寒都可以治的，那就是西药感冒药，因为西药不分风寒还是风热，都可以服用。但问题是，一个中药却非要卖得像西药，岂不是舍本逐末？

无论如何，一款中药感冒药，在违反“常识”的情况下，想把所有感冒人群“一网打尽”，未免太贪心了。总想着把生日蛋糕当成正餐卖，怎么能行呢？

不过值得好医生庆幸的是，这是一个非完全自选市场。感冒药的购买往往不是患者说了算，而是医生说了算。即使到药店买药，患者通常也会听取医师的建议。所以，这款药最终卖得好不好，还要看疗效，看医生（医师）是否认可，以及铺货是否到位。

通过明星代言的广告轰炸，该款产品的知名度肯定有了。这对铺货会有帮助，对终端销售也会有拉动，短期内市场反响应该是有的。只是这种市场定位所带来的认知困扰，多少会阻碍广告效能的最大化。

总之，市场定位不可贪大求全。在竞争充分的市场里，“小而精”是正道，应该在特定的狭小市场里，集中兵力形成压倒性优势，并最终占有更大的市场份额。

典型个案：3 元一瓶的 8210“颜值”矿泉水你会买吗

所谓盲目出击，就是想当然地进行市场定位，常见的问题是：要么凭空想出一种实际上不存在的需求，要么有需求而无刚需，要么需求过于小众化。这种市场定位的结果就是让一款产品“来也匆匆，去也匆匆”。

前文讲过，市场定位通常需要分析总体市场和竞争情况，而后进行市场细分，选择目标市场和目标消费人群，规划目标市场区域。

市场定位的过程，应当建立在严谨的市场调研基础之上，否则就会受到市场的惩罚，因为消费者通常不会“你卖什么他就买什么”，而是他“需要什么才去买什么”。

2014 年年底，北京一家企业推出一款定价 3 元的矿泉水——8210 矿泉水。

该矿泉水定位中高端瓶装矿泉水市场，但定价却很“平民”，每瓶只卖 3 元。广告主认为这一定位策略，与恒大冰泉定价一样，却更有内涵，由此将“开创高端水平价时代”。

8210 矿泉水的中高端定位[1]，必须有支撑和具体体现才行。就广告作品而言，其第一个支撑点体现在品牌名称上，意在提供物质利益上的支撑点。

近些年，很多矿泉水品牌都在强调优质的水源地（本质上是在强调水质）。8210 矿泉水也未能免俗，强调“原始水源”。

8210 矿泉水这个数字指的正是该矿泉水的“水龄”，即该矿泉水是来自封存于火山岩层中、水龄达 8210 年的罕有珍稀水源。之所以说“珍稀水源”，是因为该水是富含偏硅酸、锶的小分子水[2]，属于天然微分子富矿水。据说长期饮用此水可延缓衰老。

第二个支撑点就是邀请大牌明星代言，意在提供精神利益上的支撑。

2014 年 12 月，8210 矿泉水携代言人在北京钓鱼台国宾馆正式亮相，8210 矿泉水还宣称将赞助代言人举行 20 多场全国巡演。紧接着，由代言人拍摄的广告（见图 5-2）便高调推出。

图 5-2 8210 矿泉水广告截图

[1] 根据这个定位，8210 矿泉水重点推出了面向商超的 3 元瓶装水和面向休闲娱乐场所的 8 元瓶装水。

[2] 这两种元素被认为具有延缓衰老、增加皮肤弹性、保持弹性纤维周围组织完整性的功能，若经常饮用富含偏硅酸的矿泉水，可使皮肤保持光泽、白皙、细嫩。这一认知也为后来的新定位“颜值好水”埋下了伏笔。

2015 年 1 月，以“重启能量，共赢未来”为主题，“8210 品牌盛典暨全国经销商大会”在北京会议中心举行。

从市场定位看，中端市场似乎是一个空白，当年恒大冰泉杀入这个市场就是因为看好这个市场。可惜这是一个“理想很丰满，现实很骨感”的市场，1～2 元的水市场已经被冰露、农夫山泉、娃哈哈、康师傅等品牌牢牢把控，而高端一点的市场则被百岁山、昆仑山、西藏 5100 等品牌占据，真正的高端市场则被依云等国际大品牌占据。

定位在 3～4 元这个市场，看似聪明，实则风险很大。从消费心理上看，普通大众就是口渴了喝一瓶放心的水解渴而已，所以 2 元左右的矿泉水就足以满足其需求，高端小众人群则在乎品牌附加值，以彰显其生活态度和不凡品味（身份），对价格不敏感。

如此一来，3～4 元的矿泉水，可谓“姥姥不疼，舅舅不爱”，低、高端人群均不买账。想当年，恒大冰泉踌躇满志，强调长白山水源地，同时广邀国内外一众巨星助阵，最终依然苦苦挣扎，铩羽而归。

回到 8210 矿泉水身上，其产品支撑点和品牌能量，同样无法满足高端消费人群的需求，也不被普通大众认可。对于一个产地在华北地区（雾霾污染较严重的区域）依然主打“水质”这一概念的矿泉水，仅仅依靠“原始水源”和明星代言是无法拿下这个市场的。

最后的市场反响也证实了这一点。在 2015 年近一年时间的推广中，就“逐渐有经销商反映产品在终端动销力不足，消费者对产品反响平淡，普遍认为现有产品价值感不高，无法支撑每瓶 3 元的定价”。

到了 2016 年，8210 矿泉水开始调整思路，重新定位市场，将功能化诉求转向情感化诉求，主打“颜值好水”的概念（见图 5-3），将目标人群锁定在“80 后”和“90 后”身上，尤其是在乎“颜值”的群体。

图 5-3　8210 矿泉水的“颜值好水”广告

根据代言人和水质优势（天然微分子富矿水），提炼新卖点——“颜值好水”，期待借此“开创中国矿泉水的颜值新时代”。

重新定位的 8210 矿泉水，能获得消费者认可吗？

“80 后”“90 后”的人群，会为了“好颜值”而去购买一瓶价值 3 元的 8210 矿泉水吗？

“颜值好水”恐怕又是广告人臆想出来的“蓝海”市场。

与 8210 矿泉水类似的事情在采幽身上也曾发生过。采幽是一家生产女性阴道洗液、护理液的厂家，它的竞争对手有大家比较熟悉的洁尔阴、妇炎洁等。

2008 年，为了避开强大的竞争对手，开创蓝海，采幽决定从医药市场跨入日化市场，从名称到包装到渠道，都开始日用品化。在明星代言的广告中，不再宣传类似“杀菌止痒、去除异味”等药用功能，而是提出一个新概念（品类）——“私处沐浴露”，声称“特殊部位的皮肤要特殊的护理”“弱酸的，每天用”。

在中国，很多女性并没有每天都用护理液的习惯，只在阴部出现问题后才使用洗液、护理液，还有人认为应少用洗液、护理液以维持阴部正常的酸碱环境。这样的产品定位违背了上述消费习惯和消费认知，采幽私处沐浴露的命运也就可想而知了。

8210 矿泉水和采幽，都是定位理论的践行者，但都过于迷信品类创新和品类战略[1]，不管是“颜值好水”，还是“私处沐浴露”，在市场定位上都过于盲目，没有遵循真实的消费需求和消费心理，结果所谓的“蓝海”[2]最终变成了“死海”。

广告诉求点必须准确执行产品定位

产品定位是对市场定位的落地和执行，而广告诉求点则是对产品定位的具体化和视听呈现。

广告诉求点，即广告诉求重点，是商品或服务在广告中向诉求对象重点传达的企图打动和劝服广告受众的信息，是促使消费者行动的理由。

好广告必须提供能够打动消费者、说服消费者购买的强大理由。一个有销售力的广告，广告诉求点必须精准犀利，不管是生理上的，还是心理上的。

以钙片为例，第一个品牌可以讲“补钙的好处”（如能使腿脚好、腰好），第二个品牌可以强调“钙含量”（如高钙片“一片顶五片”），第三个品牌可以强调“好吸收”，第四个品牌可以强调“补钙要均衡”。但不管什

---

[1] 该理论认为，品类战略是定位理论的最新发展和实践，是定位学派如今最高级的战略方法，并且得到了广泛应用。在定位理论看来，消费者“用品类来思考，用品牌来表达”。真正的品牌是在消费者心智中代表特定品类的名字或符号，所以成功品牌的共同特征就是它们都是特定品类的代表。品类战略认为，创建品牌需要做的就是不断将品牌名与品类名锁定在一起。

[2] 蓝海战略一词源自 2005 年出版的《蓝海战略》一书，是相对于“红海”的一套系统化竞争策略，是对市场竞争的一种形象描述，其特点是竞争的人少，但充满未知和不确定性。蓝海战略被认为是企业超越传统竞争空间、开创全新市场的企业战略。品类创新被认为是开辟蓝海战略的重要手段。

么理由，都必须是消费者在乎的、能够打动消费者的。

那么，广告诉求点到底该如何提炼呢？

首先，广告诉求点要符合广告目标。

如果是为了扩大品牌知名度，那么广告就应该重点向消费者传达关于品牌名称的信息。

如果是为了扩大产品市场占有率，那么广告的重点就应该针对购买利益的承诺。

如果为了短期促销，那么广告就应该重点向消费者传达关于即时购买的特别利益。

其次，广告诉求点要贴合消费需求。

广告诉求点尽量是诉求对象最关心、最能够引起他们的注意和兴趣的信息，应该高度贴合诉求对象的需求。

以劝戒吸烟的公益广告为例，由于目标受众及其关注点的不同，广告诉求点就会有较大差异，例如：

（1）针对青少年，可以重点讲吸烟有害成长发育，一点儿也不酷。

（2）针对上班族和年轻人，可以重点讲吸烟会口臭，影响人际交往。

（3）针对老烟民，可以重点讲吸烟会带来各种疾病，增加家庭负担。

（4）针对中年男性，可以重点讲吸烟对男性性功能的危害。

（5）针对年轻女性，可以重点讲吸烟会加速衰老，影响生育等。

（6）针对不文明的吸烟行为，可以重点讲吸烟者应注意公德。

泛泛地讲吸烟有害健康，由于目标对象宽泛不清，诉求点缺乏针对性，最终是“无的放矢，空泛无力”，根本无法打动烟民或潜在烟民。不细分受众和精准诉求点，也是目前类似劝戒吸烟等这样的公益广告无效的主要原因。

再次，广告诉求点必须单一集中。

每则广告在进行劝服时，都必须基于广告传播任务、目标受众需求、竞争环境等因素，将诉求信息进行取舍和聚焦，通过巧传事实、以点带面，完美执行产品定位。

在这里介绍一个诉求点提炼的原则——KISS 原则。KISS 原则也叫傻瓜原则、懒人原则，是“Keep It Simple，Stupid”的缩写，其本意是“一定要简单得连傻瓜都懂”。

“单纯”被认为是这个世界上最了不起的力量。正如《乌合之众》的作者古斯塔夫·勒庞总结的：“影响民众想象力的并不是事实本身，而是它们发生和引起注意的方式。因此只有对它们进行浓缩加工，才会形成一种令人瞠目结舌的惊人形象。”

联合利华内部曾流传一种说法：“一张纸不能写完的策略就不是好策略”。美国著名广告人伯恩巴克则认为：“在一个创意中试图说明两件事情，最后只会导致什么都没有说清楚”。针对信息传播的单纯性问题，可谓英雄所见略同。

这足以说明，“单纯”是品牌传播不可或缺的原则，是传播成功的必要条件。

最后，广告诉求点必须足够特别。

广告诉求点只有单纯是不够的，还必须特别，足够与众不同，即“特别的单纯”，这在 USP 理论中得到了充分强调。

20 世纪 50 年代，罗瑟·瑞夫斯（Rosser Reeves）在继承霍普金斯科学广告理论的基础上，根据达彼思广告公司的广告实践，对广告运作规律进行了科学总结，首次提出了有“金质十字架”之称的 USP［Unique Selling Proposition，独特销售主张（说辞）］理论。

USP 理论是广告发展史上最早具有广泛影响力的广告理论之一。瑞夫斯认为，消费者从一个广告里只记得一件事——一项强烈的诉求，或者一个强烈的概念或影像。广告应该反复强调一个主题——“买下这个产品，你会因为它的独特用途而受益”。

所以，USP 理论本质上是基于对产品独特性的思考，广告人的任务是把产品的这种独一无二的特质，变成一句有力的说辞，即独特利益承诺（独特购买理由），进而诱导消费者，影响消费者的购买决策，实现商品的销售。

USP 理论主要包含下面几个要点。这几个要点实际上等于从另外一个角度，重新总结了广告诉求点的提炼方法。

（1）必须有一个明确的销售主张（说辞）。广告（尤其是产品广告）必须向消费者陈述一个明确的销售主张，必须对受众说明购买此产品你会得到怎样的好处。这一主张应该包括一个具体的好处和效用。

（2）销售主张（说辞）必须独特。这一主张必须是独一无二的，是竞争对手无法或没有提出的，并且能通过有说服力的内容和形式去证实这种独特性。

（3）销售主张（说辞）必须有销售力。销售主张（说辞）必须很强烈，足以影响社会大众，能够推动销售，影响消费者的购买决策，促使新顾客来购买商品。

后来，业界对这个理论进行了完善，又补充了两条。

（4）销售主张（说辞）所强调的利益诉求的出发点必须是消费者。也就是说，所谓利益卖点必须是消费者最关心、最感兴趣、最需要、最迫切的，而不是企业一厢情愿的。

（5）销售主张（说辞）必须集中、明确，不要复杂而分散，失去了焦点。

通过上述总结会发现，USP 理论在产品广告中更好用一些，但在形象广告中往往不容易把握。不过即使是在企业形象广告或公益广告中，其实也一样有效。品牌时代，USP 理论同样具有强大的生命力和应用价值。

在分析产品定位策略成因时，需要重点关注：①产品自身的功能属性与特点提炼是否精准匹配了消费者的需求；②广告诉求点是否是消费者真正关心的利益点；③广告是否完美地把卖点“翻译”成了买点。

创意的任务就是把卖点完美地“翻译”成买点

正如前文所讲，广告诉求点是市场定位和产品定位的集中体现，几乎决定了广告的最终成败。

广告诉求点不仅是对产品特点的提炼，更是对消费者可获得的利益的强化。广告诉求点实际上包含两层含义：卖点和买点。

卖点是广告主销售一个产品的推荐理由，常常围绕产品特有的功能特点展开；而买点则是消费者购买一个产品的理由，通常是与消费者直接或间接相关的利益。

比如“快”这个卖点，同样是快，对应的消费者利益却大不相同。例如：

- 快递公司的“快”，是缩短等待时间。
- 生鲜平台的“快”，是确保食材新鲜。
- 同城快递的“快”，是高效商务服务。
- 叮当送药的“快”，是快速解除病痛。
- 联想电脑的“快”，是提高工作效率。

其实，卖点和买点在本质上是一样的，都是针对消费者特定问题的解决方案。所以，广告推销的不是产品，而是问题的解决方案，这也是广告人必须明白的产品真相。

然而，从卖点到买点，是整个广告传播中最为艰难和关键的过程，也是广告创意的价值得以彰显并大放异彩的神奇环节。

诉求点准确，是做出一则好广告的前提，但不是全部。

我们经常看到一些广告，似乎已经找到了问题的要害，说出了产品与众不同的特性，并且刊登在了目标消费者接触概率最高的媒体上，然而市场却反响平平，销售局面不见打开。为什么会出现这种情况呢？

很有可能这类广告只是讲了一大堆关于产品特性的技术术语，而消费者却感受不到这些产品到底有什么好。换言之，这些广告找对了卖点，却没有成功地把它转化成打动消费者的买点，而且是具体化和形象化的买点。

能否把卖点完美地“翻译”成买点，最是考验广告人功力的地方。

典型个案：本科热水器是如何让人相信它是节能的

2009 年本科电器有限公司（简称本科电器）正式成立，2010 年它与一家广告公司进行战略合作。2010 年年底，本科热水器广告开始在央视多套栏目大规模播出。

在热水器市场，早些年海尔借助“防电墙”概念牢牢控制了“安全”概念，而后 A.O.史密斯则以“半个世纪还在用”牢牢锁定了“耐用”概念，也有一些品牌主打“加热快”等概念。

等本科热水器入市时，节能环保概念开始受到前所未有的重视，能否拿下“节能环保”这个心智高地，几乎是本科热水器能否成功上位的关键。所以，从技术储备、产品研发，到后期的营销传播，本科热水器决定一切都以“节能”为核心。

然而，“节能”对于普通消费者来说，是相对抽象的概念，找不到利益关联点，至多了就是省点儿电费，而且主打节能概念的品牌还有很多。

那么，本科热水器如何才能把“节能”这个卖点，转换成消费者能直观感受且愿意为此买单的强大买点呢？于是，“一次加热热七天”这个广告语就登场了（见图 5-4）。

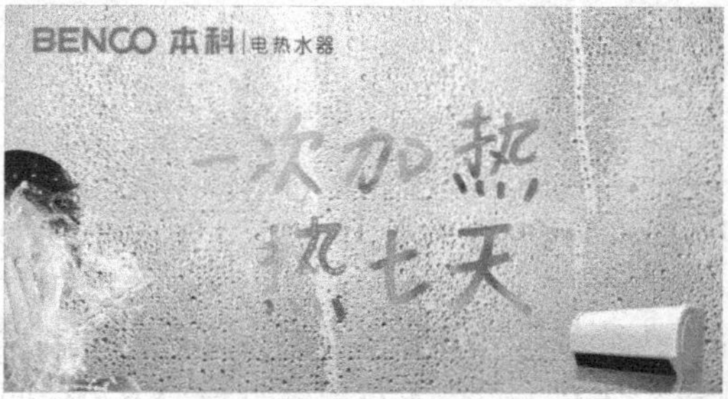

图 5-4　本科热水器“实验”篇广告截图

整个广告通过有信服力的实验，把加好热的热水器直接切断电源，等待七天后再次打开，发现水依然是热的。正是通过生动直观的展示方式和简洁精准的广告语，一下子让人记住了本科热水器的超级保温性能，而且深信不疑。这一次，把卖点“翻译”成买点，广告人几乎做到了完美。

当然，就整个传播策略而言，这个广告并非完美。

该广告缺乏弹性，没有为品牌延展留下必要的空间。广告清晰地传递了产品特点和利益点，做到了诉求点“特别的单纯”，却没有为品牌提出一句本该有的广告语，以及其他必要的品牌信息。

2012 年 1 月，本科电器推出全新的品牌主张——“懂你的温度”，以支撑其全新的企业定位——“整体卫浴集成系统服务商”[1]。根据新定位，

[1] 本科热水器在电热水器外，还陆续推出燃气和空气能热水器、壁挂炉、五金洁具、陶瓷卫浴等产品，企业战略定位是做“全球顶尖整体卫浴集成系统服务商”。

本科电器在春节期间投放了“过年”篇企业形象广告（见图 5-5）。

图 5-5　本科电器“懂你的温度”形象广告截图

该广告在央视几个主要频道和地方电视台播出，“摒弃了单纯表现产品特性的一般做法”，让女主角在本科电器舒适的卫浴空间诉说心声：“年年过年都在你家，凭什么？你家就你一个儿子，我家也就我这么一个女儿啊!”

本科电器的有关负责人曾向《广告主》杂志介绍：“80 后”步入婚姻家庭，有购买卫浴、家电产品的需求，本科电器希望能够洞察他们的想法，了解他们面对的快乐、矛盾和痛苦，从而走进他们心里。

“过年回谁家”就是很多身为独生子女的“80 后”不得不面对的问题，广告片中并没有给出这个问题的最终解决方案，但片尾门外丈夫的一句“老婆，那今年在谁家过年呀？”让女主角会心一笑，爱与理解在这一刻传递，呼应了“懂你的温度”这个主题。

按照广告创作团队的说法，本科电器新年广告就是要与女性“谈情”：现代年轻人在生活中面临着种种压力，本科卫浴空间希望能给他们提供一个私密又放松的空间，冷静思考和面对。深入消费者内心、帮助他们释放压力，本科电器的人文关怀不仅视角独特，表达也很到位。

不过令人遗憾的是，这则广告，就像一阵微风刮过水面，没有留下太多痕迹。

从热水器到卫浴空间，从做产品到做品牌，从产品广告到形象广告，之间只经历了一年时间，本科电器未免太着急，步子迈得太大，弯转得太急了。原来的广告所创造的宝贵资产，说丢就丢了。

总之，卖点“翻译”得好，广告就是锋利的刀；卖点“翻译”不到位、不准确，就有可能导致一个“正确的卖点”无法成为消费者“行动的买点”。

广告诉求策略不等于广告诉求方式

如果一个品牌命名没问题，市场定位也没问题，产品定位和诉求点的提炼也很精准，但是广告效果还是不理想，那么就有可能是诉求方式出了问题。常见的广告诉求方式有理性诉求和感性诉求两种，本节重点围绕诉求方式进行广告评析。

在讨论广告诉求方式之前，有必要弄明白几个相关概念。

诉求（Appeal）有主张、声称、宣称之意。所以广告诉求策略（Advertising Appeal）主要就是解决广告围绕什么样的诉求点，以及用什么样的表达方式，以引起消费者的注意、兴趣和购买欲望等问题。

广告诉求策略作为广告传播中最为关键的策略之一，核心是解决“对谁说”“说什么”“怎么说”这三个关键问题，也就是广告的诉求对象、诉求重点和诉求方式问题。

广告诉求策略通常包括：①诉求对象（受众策略）；②诉求重点（主题策略）；③诉求方式（说服策略）三大部分。

科学有效的广告诉求策略应该是在正确的时间、地点，向正确的对象，合理地传递精准的信息。

很显然，广告诉求策略属于传播学范畴，是站在广告传播的角度来表达其内在逻辑和主题内容的。

通常，广告诉求对象通常与市场定位一起考虑，广告诉求重点通常与产品定位一起考虑。其中，市场定位和产品定位属于营销学范畴。正因为如此，本书把广告诉求中的诉求对象和诉求重点等问题，放到了市场定位和产品定位的范畴里讨论，只留广告诉求方式在本节专门讨论。

平时，很多人为了表达方便，直接用“广告诉求”代替“广告诉求方式”，显然是不严谨的，至少应该让大家清楚“广告诉求”指的是广告诉求方式还是广告诉求策略。

广告诉求方式，通俗来讲就是广告的说服策略，其核心任务是如何打动目标消费者，通常分为感性诉求和理性诉求，即“动之以情”或“晓之以理”。

其中，感性诉求又称情感诉求，它通过激起消费者的情绪、诉诸消费者的感情来达到说服目的，常用的说服手段有悬念、夸张、幽默、对比、比喻、通感等。

感性诉求的应用场景：①消费者对产品（品牌）已经非常熟悉；②消费者不关心产品的理性化指标；③消费者属于冲动或随机消费；④消费成本和风险比较低。

理性诉求又称说明性诉求，其主要说服策略就是通过讲道理、诉诸消费者的理智来达到说服目的，常用的说服手段有承诺、旁证、数据、纪录、对比、实验、演示等。

理性诉求的应用场景：①新产品上市，需要对产品或服务等方面的情况进行介绍；②需要对购买广告产品的益处或不购买所招致的不便进行介绍；③产品具有明显特性或重要的能击败竞争对手的优势；④推广那些需要消费者经过深思熟虑才决定购买的产品。

问题是，感性诉求和理性诉求，有优劣之分吗？或者，面对一款产品，到底该用感性诉求还是理性诉求呢？

理性或感性，让人心动者胜

在日常生活中，我们经常看到一个有趣的现象。如同样是奶茶，香飘飘走理性诉求路线，搞品类战略，主打行业品类第一，给人留下了深刻印象。而优乐美走感性诉求路线，搞名人代言，主打浪漫，一句“你是我的优乐美”，捕获一众少男少女的心。二者同属奶茶，诉求方式截然不同，最终结果却不相上下。

再如，有两则药品广告，一个是太极的急支糖浆，一只豹子狂追美女，竟然是因为嗓子不舒服，为了喝急支糖浆；一个是马应龙的痔疮膏，患痔疮的学生无法忍受坐着的痛苦，故意挑衅老师，结果被轰到教室外罚站。

他们都采用了感性诉求方式，但是观众的反应却差异巨大。急支糖浆的广告曾常年播放，足见其效果，被认为是“3B”创意的典型。而作为目标受众之一的学生看了马应龙麝香痔疮膏的广告，虽然幽默搞怪，有点儿好玩，但会认为新品广告没有讲清楚其功效，反而编造虚假故事（非艺术真实），缺乏可信度，还有人认为学生压根儿就不是该产品的主要消费群体。

得民心者得天下。理性或感性，让人心动者胜。不管是感性诉求还是理性诉求，本身并无好坏、优劣之分，用对了就有效，用歪了就是瞎闹。

典型个案：金龙鱼的“选好米”为何让人觉得“有稻理”

2009年，占据中国食用油半壁江山的金龙鱼正式杀入高端大米市场，并同步在央视一套、三套，以及上海、深圳等一线城市的媒体上，高调推出“选好米，有稻理”的广告（见图5-6）。

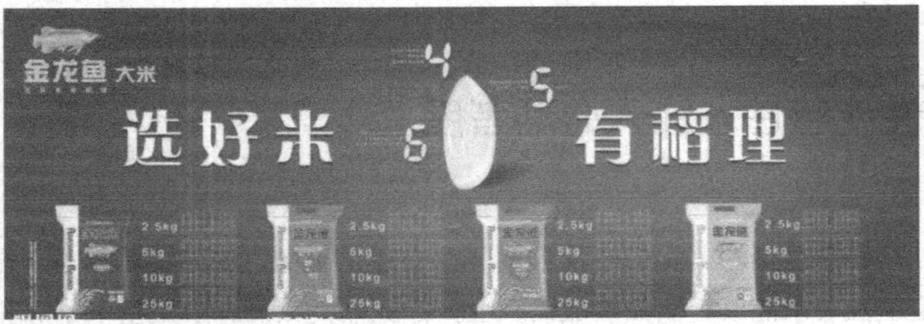

图5-6　金龙鱼大米的“选好米，有稻理”广告

这个广告因为采用了数证式诉求方式，立马引发关注和争议。

所谓数证式诉求，是在广告中通过使用确切的数字来支撑核心诉求点的一种广告诉求方式，简单来讲就是“用数字说话”。

数证式诉求，若运用得当，很容易获得消费者的信任，尤其是理性思考人群，如受教育程度高的人群的信任，所以数证式诉求的目标受众不太可能是对数字不敏感的人群。

采用数证式诉求的典型案例非常多，如SK-II“使用4周后，肌肤年轻12岁，细纹减少47%”；玉兰油“28天肌肤重现自然美白莹润”“毛孔的出油率可以降低96%”；佳洁士“效果是涂抹式美白牙齿液的3倍”；碧浪“可以去除99.9%的细菌”；潘婷“使毛燥的头发比以前顺滑70%”。

但数证式诉求的局限性或风险也很明显，那就是容易被较真的人抓住逻辑漏洞，甚至导致虚假宣传。

例如，2007 年联合利华（中国）有限公司在上海市淮海中路某广场南座玻璃外墙等处发布“力士焕然新生”系列产品广告，声称“力士 14 天，紧急修复严重受损发质”，但又提供不了检验报告，最终被监管部门因虚假广告而处罚了 200 多万元。

2015 年，佳洁士牙膏广告宣称“使用佳洁士双效炫白牙膏，只需 1 天，牙齿真的白了”，但因为画面中突出的美白效果是通过电脑修图软件处理生成的，并非牙膏的实际使用效果，构成虚假宣传，被上海市工商局罚款 603 万元。

惯用“数证式营销”的金龙鱼，“1∶1∶1”金龙鱼调和油的广告却是正面案例。虽然金龙鱼调和油里“饱和脂肪酸、单不饱和脂肪酸、多不饱和脂肪酸”这 3 种脂肪酸的比例是 0.27∶1∶1，但由于金龙鱼强调它只是“倡导 1∶1∶1 的膳食脂肪酸完美比例”，从而躲过监管。

在金龙鱼大米的首发广告中，同样采用了“数证式广告”。那么到底效果如何呢？是否具有说服力和传播力呢？

针对广告中提出的 4、5、6“稻理”——“从 5 400 多个国家级审定的稻米品种中选择 4 个珍贵原种”“从全国 43 000 多万亩水稻中，挑选了 5 个优质产区”“大米每万颗不完善颗粒国家标准规定不超过 300 颗，金龙鱼大米不允许超过 6 颗”，有人提出了质疑：

- 数字的可信度有多少？
- 数字能说明什么问题？
- 消费者对这些数字感兴趣吗？

其质疑的主要根据是：第一，消费者常常只相信自己的数字，对别人提出的数字通常都会打个问号；第二，这则广告的数据不符合国人对数字的理解；第三，这些数字是为了宣传的便利而拼凑的，显得很牵强。

更有人借此讽刺和调侃金龙鱼大米广告的说服逻辑：

如果照着广告词修改一下我家的大米："从 5 400 多个国家级审定的稻米品种中，选择 1 个珍贵原种""从全国 43 000 多万亩水稻中，只选择唯一优质产区的 2 亩水稻，并且少打农药施土肥""挑选脱粒之后的饱满稻种，自家夹米（稻谷变成米）颗粒每百颗也许会超过 3 颗，但你会数吗？"对比之后发现，金龙鱼定位高端，我家的大米，就是奢侈品了。

据此，有人得出结论：第一，"选好米，有稻理"广告没有说服力；第二，金龙鱼大米的"有稻理"经不起推敲；第三，"金龙鱼大米难见油的辉煌"。

但事实又是如何呢？据媒体报道，"金龙鱼大米——选好米，有稻理"广告，荣获 2010 年度中国艾菲奖（EFFIE），标志着金龙鱼大米上市推广工作受到中国营销届的广泛认可。

中国艾菲奖是中国本土唯一一个以广告运动全案为评估对象、以真实市场效果为衡量标准的广告奖项，被誉为广告界的"奥林匹克团体奖"。其权威性说明，金龙鱼大米本次广告运动不但效果出色，而且还有诸多亮点。

该广告（运动）之所以取得不俗成果，必然有其原因。

首先，该广告有让人心动的广告诉求方式。

数证式广告只要不虚假违法，而且符合大众的认知习惯（感觉），就容易产生效果。

比如大米，大众认为好的大米首先是口感好（软、弹、滑）、味道好（有稻米的自然香味儿）、色泽好（洁白如玉、晶莹剔透），而这些又取决于稻米的品种、产地和加工工艺，后三点也成为本次广告的诉求重点——"选好米，有稻理。"

金龙鱼大米的"有稻理"广告，几乎就是顺着这个认知逻辑演绎的。以"4、5、6"作为支撑整个金龙鱼大米传播阶段的核心创意原点，通过晶莹剔透的大米演变出 3 组关键客观数据，介绍金龙鱼大米"创新产业链模式”的独特性与领先性。

至于这些数字本身是否科学、客观和精准，也许消费者不会那么较真。因为消费者看广告时常常喜欢“凭感觉”。真正较真的消费者很少，更何况这些数据往往是能够自圆其说的。

其次，广告说服的本质永远是情感。

神经学家唐纳德·卡尔曾说过：“情感和理智之间的主要区别在于，情感会引发行动，理智会引发推论。”

因而，好广告往往不在于引导消费者理智分析，而是诉诸某种情感，在获得消费者认同的基础上促使他们做出购买决策。

在金龙鱼大米的这则广告中，表面采用了数证式诉求，实际上非常在乎情感影响。其实现手段有两个：一个是广告调性，一个是品牌背书。

在广告调性上，该广告可谓完美。晶莹剔透的米粒始终是视觉焦点，红色背景让暖色调成为主导，腾腾热气则营造出扑面而来的米香味儿（通感），整个广告始终保持干净、单纯的视觉画面，加之到位的音乐和镜头节奏，即使没有那些“4、5、6”的论证，品质感同样呼之欲出。

正如艾菲奖的评价：“简单、形象、易于记忆与传播的数字化创意表现，使消费者快速记住金龙鱼大米，树立金龙鱼大米‘选好米，有稻理’的行业标准。”

在品牌背书上，金龙鱼自身是高端粮油品牌，从高端粮油延伸到高端大米，不存在认知障碍，可以轻松实现品牌价值迁移。再者，金龙鱼大米是国内首个在央视大规模投放广告的大米品牌，国家级媒体的背书作用，同样不可小觑。

这一切，无形中就让大众觉得金龙鱼大米是高端大米品牌，也愿意为其高价买单。

老对手福临门大米广告的表现却不尽如人意。

在这里，不得不提金龙鱼的老对手福临门。就在金龙鱼大米广告在央视播出后，福临门大米的广告也紧随其后开始播出。对此有人认为：“中国大米市场新一轮的洗牌马上就要开始，大米要进入品牌消费时代。”

中粮的福临门大米广告虽然也采用了理性诉求方式，也从产地、绿色、工艺程序等角度出发，对大米如何科学育作、精挑细选做了详细阐述，但是与金龙鱼大米的广告相比，逊色不少。

福临门大米广告不管是广告文案、说服方式，还是视听语言，都稍显粗糙，广告诉求没说透，卖点不集中，描述太笼统，画面嘈杂。最终，让产品失去了品质感。

从理性到感性，金龙鱼大米的广告说服依然有力。

金龙鱼大米并非一直是理性的，也有感性的时候。2012 年 8 月，由明星代言的金龙鱼大米“免费午餐”公益广告，在央视一套黄金时间及全国地铁、高铁上热播，由此标志着金龙鱼大米的品牌传播进入另一个阶段。

从产品到形象，从产品广告到形象广告，是品牌发展、消费者认知发展的结果。从米到饭，才是金龙鱼大米广告的说服逻辑，也是大众的认知进化路径。

再好的大米最终必须变成香喷喷的米饭才有诱惑力，后来，金龙鱼大米的广告开始聚焦一碗香喷喷、热腾腾的米饭，以“生活有滋有味”为主题，也就顺理成章了。

第六章

GRR 广告评析第三步：成因分析（下）

本章将继续就广告中存在的问题进行成因分析。第 5 章主要从品牌命名、市场定位、产品定位、诉求方式等策略层面进行了分析，本章将主要围绕表现策略（广告文案、广告“人物”）和媒介因素进行分析。

广告文案和广告“人物”是整个广告作品中最为直观的视觉符号，也是传播策略的艺术化呈现，最终影响着广告的传播效果，能被受众直接从视听上感知。

若广告的定位、诉求等层面都没有问题，那么就有必要从广告作品的表现环节进行成因分析了。

做广告，会说话就是竞争力

所谓广告文案，准确来讲，应该叫广告作品文案，主要是指广告作品中的语言文字部分。

在印刷广告中，文案主要体现为标题、广告语、正文、随文等部分；

在视频广告、音频广告中，文案主要体现为旁白、对话等语言部分和字幕等。

广告文案对应的是广告作品中的图形图像、音乐音效、光影色彩、时间空间等非语言文字符号，二者共同构成了完整的广告作品。

文案的主要职责是准确清晰地传递广告信息，而非语言文字部分的主要职责则是直观展示、营造氛围、引发关注等。前者用语言符号沟通，后者用非语言符号沟通；前者追求沟通力，后者追求表现力。

本书采用狭义的文案的定义。书中所说的广告文案或文案，均指广告作品文案，是广告作品中的语言文字部分，是相对于非语言文字部分而言的。

不管是印刷广告、视频和音频广告，还是多媒体广告，文案的主要构成部分是主题句和广告语。

在平面广告中，主题句主要体现为广告标题。在视频、音频广告中，主题句主要体现为被突出强化、反复强调的一句话，可以是广告语，也可以是一句消费主张，甚至只是品牌名称。

广告语属于品牌，出现在同一品牌的所有广告中。它在广告中一般不会被过于突出强调，但在展示品牌、深化主题等方面，却是必不可少的。

除了主题句和广告语，剩下的文案内容主要就是广告正文了。广告正文通常是对广告主题的展开和深化，提供广告诉求点的支撑信息，也是文案的重要组成部分。

所以，评析广告作品时，主要关注文案的主题句、广告语和正文等内容，看它们能否精准有力地传达广告主题，能否达到预期的说服目的。好文案，都具有超强的沟通力，较低的沟通成本。

典型个案：999 牌感冒灵颗粒广告的催泪文案哪里去了

早些年，某明星曾为999牌感冒灵颗粒做代言，整个15秒广告从头说到尾："999 牌感冒灵颗粒，那暖暖的一杯，不仅能摆脱困扰，更能给人一种温暖，就像朋友在身边，暖暖的，很贴心。999牌感冒灵颗粒，三九医药。"

30秒版的广告同样通篇台词："感冒的时候，人很难受很虚弱，特别需要有个朋友在身边，999牌感冒灵颗粒，就是这样的朋友，那暖暖的一杯，不仅能摆脱困扰，更能给人一种温暖，就像朋友在身边，暖暖的，很贴心。这样的朋友你也需要，999牌感冒灵颗粒，三九医药。"（见图6-1）

图 6-1　999 牌感冒灵颗粒广告截图

通常，人的正常语速是每分钟250字左右，30秒就是120字左右，而这个30秒的广告用了110个字。

整体上，上述不同版本的广告文案，主要问题就是文字太多、语义重复、来回推论、逻辑复杂，缺一句直抵人心的主题句或广告语。

在这里"插播"两个专业概念：一是情绪营销，二是品牌情绪。

所谓情绪营销，是指基于消费者心智进行深度洞察，建立品牌的消费情绪，与消费者产生情感共鸣，并通过情境设计将情绪进一步转化为独特的品牌联想，让品牌以一个“独特的印记”进入消费者心智的营销传播过程。

若大家还记得前文讲过的“情绪记忆点”，就比较容易理解这里的情绪营销了。

情绪营销认为，情绪是最重要的品牌认知要素之一。情绪作为基本的精神心理过程，引导并影响人的各种行为选择，包括消费选择。

情绪营销在一些成熟的品牌广告中表现得尤为直观显著，如大家熟悉的可口可乐、百事可乐、加多宝等品牌，广告都很好地执行了情绪营销的理念，始终保持稳定饱满的品牌情感。

品牌情绪是情绪营销在品牌传播层面的直接体现。所谓品牌情绪，是广告给顾客带来的心理感受。在广告中确保既定的品牌情绪并进行塑造和传递，是成熟品牌的基本原则。

建立一种持续并有意义的品牌情绪，是形成品牌忠诚度的重要保证。成功的品牌传播总是与消费者积极的情绪反应紧密联系的。因此，好广告一定要感情饱满、有温度地携带着品牌情绪。作为人格化的品牌，它的广告应该像活生生的人，与消费者沟通。

自从 999 牌感冒灵颗粒不再突出“中西药结合”这个功能性诉求点之后，就开始走情感路线。应该说，此时的 999 牌感冒灵颗粒开始进入情绪营销层面，主打的情绪是（朋友般的）关爱。

就 999 的品牌情绪营造而言，整体尚可，但文案无疑是其短板。在广告中，“（朋友般的）关爱”被翻译成文案“就像朋友在身边，暖暖的，很贴心”。不过这句话有些平淡，不够精准，缺乏力度。

常言道：“感人心者，莫先乎情。”既然 999 牌感冒灵颗粒走情感路线，其文案就应该努力做到摄人魂魄、入心入肺，将持续稳定的情绪营造和传递做到极致。

笔者曾在网上看过一条关于 999 牌感冒灵颗粒的广告故事。故事发生在厦门，一位加班很晚的上班族，劳累加上感冒，可谓身心俱疲，在等公交车时，看到站牌上一句999牌感冒灵颗粒的广告文案，瞬间被感动得稀里哗啦。原来这句话是这样说的：

“幸福不是从不感冒，而是感冒时，总有你递上的一杯温暖。”

她肯定突然想到了他，也许是他想到了她。

这句话之所以有穿透力，就在于它找准了“感冒药（冲剂）”与“关爱”的内在关联和独特的使用场景，以及足以引发共鸣的品牌情绪，对“关爱”给出了正解。

在认知逻辑上，感冒药自己是不会变成“朋友”并主动关爱患者的，但它可以变身为“爱的媒介”，成为对朋友表达关爱的不二之选。

可惜的是，上述催泪文案只是局部市场的广告行为，并没有上升到整个品牌传播高度，也未被广泛使用。

假设在15秒或30秒的电视广告中，采用如下文案方案，是不是更好？“幸福不是从不感冒，而是感冒时，总有你递上的一杯温暖。999 牌感冒灵颗粒，暖暖的，很贴心。”

在新的文案方案中，999 牌感冒灵颗粒被定义为“关爱的媒介”，一杯999牌感冒灵颗粒（冲剂），传递的是关爱，接受者得到的则是“幸福”。不讲施爱，强调被爱，从第三人称叙事，变成第一人称叙事，或许更容易打动人。

整体上，999牌感冒灵颗粒系列广告，市场效果还是不错的（这与代言人的选择、投放量等直接相关），其情感路线也基本被市场所接受。只是，这些广告本可以做得更好，沟通力本可以更强大。

好文案播一遍顶十遍，文案写好了，就是在给广告主省钱。

文案问题本质上是沟通力问题

关于文案的功能和作用，业界不乏一些精辟的见解。

有人说文案的主要作用是“形容具体的东西并能让人明白相信”，有人说文案的主要作用是“写出产品实情并为消费者所信赖”，有人说文案的主要作用是“揪出消费者内心深处的欲望”，还有人说文案的主要作用是“传达产品的灵魂”……

这些有关文案作用的见解，正好说明了广告对文案的基本要求，即有效沟通，传达产品的灵魂和实情，揪出消费者内心深处的欲望。换言之，出现在广告作品中的语言文字都应该具有超强的穿透力，就像球状闪电。

一切有关文案的问题，本质上都是语言文字的沟通力问题。

所谓文案的沟通力，主要是指能否高效地达到说服目的，具体有两层含义：一是说服力，二是沟通效率。前者的关键在角度和观点，后者的关键在措辞和修饰。

所谓说服力，主要体现在文案沟通表达的精准度和说服效力上，能够做到“入心控脑”。或者说，说服力就是广告说得清晰明确有力度，受众也能准确理解、愿意接受。即使广告文案无法完全保证受众的理解是准确无误的，但至少说得清晰、准确、到位。

生活中其实存在大量无沟通效力的文案，如一些垃圾桶上的垃圾分类提示语，由于缺乏关于垃圾分类的具体说明，即使人们看到了提示，也无所适从，难以执行。此类问题在很多公益广告中表现得尤为明显，本质上都是沟通效力的问题。

只有准确的语言才有超强的沟通效力。有一个著名的小故事，讲的是法国诗人让•彼浩勒的经历，就很能体现这一点。

有一天，让·彼浩勒外出访友，看到路边坐着一名乞丐，身边竖着一个小牌子，上面写着：“我什么也看不见。”

于是彼浩勒上前问：“老人家，今天施舍的人多吗？”

这位乞丐叹口气，无奈地摇摇头。

彼浩勒什么也没说，只是在乞丐的牌子上添了几个字，于是乞讨的“文案”变成“春天来了，可我什么也看不见”。

等到下午彼浩勒再从老人家身旁经过时，又问：“老人家，今天下午情况怎么样？”

这位老人开心地说：“奇怪了，今天好心人怎么突然就多起来了！”

这就是语言的力量！不在多少，而在于是否洞察人性，是否具有强大的穿透力。正所谓“山不在高，有仙则名；水不在深，有龙则灵”，对文案来说，“话不在多，经典就行”。

所谓沟通效率，主要体现在文案的沟通速度上，即受众是否能在最短的时间内、投入最低精力的情况下，轻松领受广告信息。

高效沟通对于广告传播来说至关重要。我们常说一字千金，在广告中何尝不是如此？

一则 15 秒的央视“黄金时段”广告，投放一次就要花费几十万元，广告中的每个字都算得上价值千金了。因此，广告容不得废话，必须言简意赅、凝练有力、文辞精妙、无可增损。

广告文案不仅要清晰、明确、有力度，还要容易理解，让人一看就明白，一听就懂得。若广告“不说人话”、故弄玄虚、虚诞夸饰，让人看了半天、听了几遍，费了很大的劲儿，还不明白在说什么，就是典型的沟通效率低下了。语言啰唆、词不达意、语义模糊、逻辑混乱，“话说得很多，但谈的事情很少”，同样是典型的沟通效率低下的体现。

在平面广告中，若使用大量生僻字、复杂句子，不善于使用大小标题和首括句，篇幅过长、云里雾里等，就会导致沟通效率低下。

在电视和广播广告中，若语速快过、句子太长，存在谐音字、发音不清晰、语言空洞、让人不知所云等问题，就会导致沟通效率低下。

在户外广告中，若句子过长、字号过小、字形复杂、排版花哨等，也会导致沟通效率低下，甚至沟通失败。

总之，广告人在创作文案时，核心责任就是努力提高语言文字的沟通力（效率高、效果好），并写出有沟通力的文字。

关于文案的沟通力问题，在评析广告作品时，就是重点关注广告文案是否准确和精练。准确意味着说服力，精练意味着沟通效率，二者不可偏废，不能为了精练而损害准确，也不能为了准确而放弃精练。

诉求再高明，也要文案精

文案表达是否到位，直接影响了广告的说服力。

前文讲的家家宜除菌洗衣粉，产品定位是“除菌洗衣粉”，在提炼诉求点时只保留了“洗得净”这一点，具体变成文案时就成了“家家宜，去除污渍没问题”。这句话只是告诉消费者，家家宜也能做到所有洗衣粉都可以做到的“洗得净”。就其表现力而言，比较平淡。

而前文所讲的本科热水器，其产品定位是“节能环保”，诉求点聚焦在“保温时间长”上，在文案上凝练成了“一次加热热七天”的数证式诉求。相对于家家宜，本科热水器的主题句让人印象深刻，较有说服力。

说到文案的沟通力，农夫山泉的广告语，都堪称经典。从“农夫山泉有点儿甜”，到“我们不生产水，我们只是大自然的搬运工”，到“什么样的水，孕育什么样的生命”，广告语的每次变更，都精准贴合了品牌升级需求，同时又紧紧围绕“水源地”（水质）做文章，可谓句句入心，新颖而独特。

文案创作就是造句的艺术。产品定位有了，核心诉求点提炼出来了，如何表达，却着实考验人。

如本土高端瓶装矿泉水市场，有昆仑山矿泉水、5100 西藏冰川矿泉水、百岁山矿泉水等品牌，定位类似，但文案却差距显著。

在昆仑山矿泉水的广告中，竟然看不到广告语，通篇旁白，描述水对人体的重要性，以及昆仑山水的优质特点，语言有些啰唆，缺乏深度和新意，整体文案水平着实难以支撑其高端定位。

相比之下，5100 西藏冰川矿泉水的一句“西藏好水，世界好水”（见图 6-2），立马显得高端大气，底气十足。“好水”一词看似平淡，实则精妙，而广告语“水中贵族百岁山”，又更胜一筹。

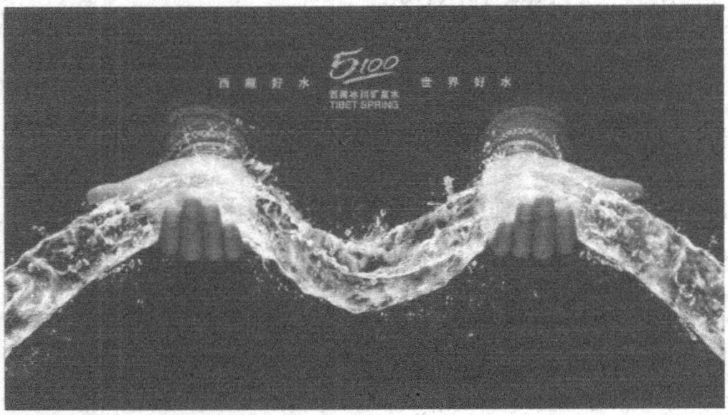

图 6-2　5100 西藏冰川矿泉水“西藏好水，世界好水”广告

5100 西藏冰川矿泉水刚推出时，笔者曾带领学生为其重新创作广告语。有位学生想到一句文案——水是被大自然划分等级的。这句话让人眼

前一亮。不过意思有了，方向对了，但还只是概念阶段，无法直接当广告语使用。当笔者看到百岁山的“水中贵族”时，不得不为之拍案叫绝。

可见，即使诉求点一样，文案的诠释结果也会千差万别。文案在诠释广告诉求（主题）的道路上，永无止境，没有最好，只有更好。

还有“这样紫啊”果汁饮料。该饮料以紫葡萄、黑加仑、蓝莓三款紫色水果为原料，富含花青素，是国内少有的以花青素护眼为卖点的健康饮料。

花青素具有很强的抗氧化能力，可以保护眼部微血管，促进眼睛血液循环，缓解眼部疲劳。于是，这款富含花青素的果汁饮料，以“保护视力”为功能卖点（见图 6-3），由当红明星担任形象代言人，广为宣传，希望打造一款明星级健康型时尚果汁饮品。

图 6-3 “这样紫啊”平面广告

就其上市初期的广告而言，代言人选择恰当、调性明亮、节奏活泼、充满动感和活力，让人印象深刻。

广告一开始，代言人们疲惫地推门进屋，此时一人说“好累哦”，紧接着另一人打开冰箱门，看到满满一冰箱的“这样紫啊”，惊叹道：“哇喔……水果哦”[1]。

---

[1] 由于没有字幕，省略号部分，是笔者播放多遍未听清楚的内容。

画外音立马补充道：“富含花青素哦，我……喜欢。”镜头一切换，三人背靠背，每人一瓶“这样紫啊”，边喝边重复“这样紫啊”。镜头再一切换，一群人开始边跳边唱。最后镜头推近，代言人举着饮料齐声喊：“眼睛喜欢，这样紫啊！”

第一个问题，该广告是给谁看的。22～28 岁的年轻女性？还是 10～22 岁的重度用眼人群？很显然，若面向前者，广告文案应当突出产品具有缓解眼睛疲劳、抗衰老、养颜美容等功效，强调健康美味的复合型果汁饮料；若面向后者，应该突出其纯果汁、无添加、可有效缓解眼睛疲劳、预防近视等功效。但事实上，消费群体定位并不明确。

第二个问题，虽然面向二者的诉求内容会有所侧重，但都需要适当展开，以突出其“保护视力”这一卖点。反观整个广告，缺失必要的产品应用场景再现和充分的消费理由支撑。文案只有寥寥几句，也没有字幕，不仅没说清楚到底是哪三种水果，也没说清楚为什么“眼睛喜欢”，更没表达清楚应用场景。

作为功能性饮食，适度的功能原理阐述还是有必要的，如被当作早餐的营养快线、养胃的猴姑饼干、降火的王老吉凉茶等，利益点提炼都非常到位，文案阐述也准确精练。

典型个案：华龙大骨拉面的广告问题是文案问题吗

华龙大骨拉面是今麦郎日清食品有限公司旗下的产品，该公司旗下还有“今麦郎”品牌，其中“华龙”品牌系列主要面向三、四线市场，“今麦郎”品牌系列主要针对一、二线高端市场。

2009 年 2 月，正值春节期间，华龙曾推出一款方便面，名为“华龙大骨拉面”。一看名称就知道该面的特点，所以整个广告也是围绕产品特点展开的。

华龙大骨拉面的第一版广告，由人气节目《梨园春》的主持人拍摄（见图 6-4）。

整个 15 秒广告以名人推荐的方式，平铺直叙地讲解产品特点：“我爱梨园春，也爱吃面，更爱吃华龙大骨拉面。面得劲，汤鲜美。看梨园春够精彩，吃华龙大骨拉面有面子。每人一包！”

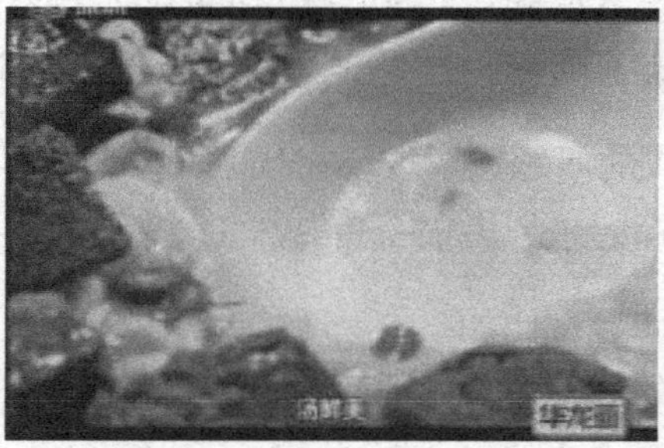

图 6-4　华龙大骨拉面广告截图

针对这个广告，网上“吐槽”不断，主要集中在两方面。

一是代言人问题。比如：

一个不认识的人，一直扭来扭去地说。

广告中的人是谁？《梨园春》是哪个台的？

一直弄不明白这是哪路神仙，跟面八竿子打不着，就这么生硬地拉到一块儿，真有勇气。

梨园春是什么？那女的干什么的？还面得劲，什么叫得劲？

很讨厌这个广告，每次电视看得正好，突然出现这个喜庆的广告画面，加上女主持人的声音，我真的是很讨厌。

……

我们无法确知“吐槽”的网友在哪里看到了华龙的广告，但是有一点可以肯定，该广告的代言人虽然在河南因为主持《梨园春》比较有名，但是离开了河南，恐怕就没有太多人知道了，而广告却在有意突出代言人的身份和其主持的节目，就导致外地消费者不买账的情况。这是代言人的知名度问题带来的传播困扰。

除了代言人的知名度问题，还有形象问题。即使不主打代言人身份，作为年轻女性，利用“3B”中的美女策略，也可以弥补知名度短板，但是该广告拍摄制作比较粗糙，人物形象、语言设计（肢体语言和口头语言）等，都缺乏艺术性和品质感，这是人物形象设计问题带来的传播困扰。

整体上，代言人的问题主要表现在代言人形象不柔美，身份与产品缺乏关联，影响力仅局限于地方而广告却推向了全国等。

二是广告文案问题。比如：

我不明白最后为什么要说“每人一包”！

我也很奇怪这广告到底啥意思啊！“有面子”？“每人一包”？

都沦落到吃方便面了还有面子呢。

都什么年头了，吃个泡面还能让人有面子？

居然说“每人一包”，难道还怕抢不成？

……

就文案部分，被“吐槽”最多的一是“有面子”，二是“每人一包”。或许该文案想突出该产品很受欢迎，也许在农村用来送礼有面子。考虑到特定的市场，这样的诉求也无可厚非，但整体上确实不高明，与正在“升级”的农村市场需求有些脱节。创作人员关于农村市场的认知，确实有些落伍了。

该广告存在的问题，也受到了专业人士的关注。在《华龙大骨拉面广告的两大败笔》一文中，作者认为：败笔之一是品牌特质与产品剥离，败笔之二是无关元素干扰广告重心。

分析认为，华龙大骨拉面，既然是大骨拉面，其广告诉求的核心，应当与其产品的核心统一。“面得劲，汤鲜美”，无法让消费者感到与其他面的区别，更无法在竞争环境中脱颖而出，若改成“拉面面得劲，大骨汤鲜美”，大骨拉面最重要的特质就凸显出来了。

无关元素干扰广告重心，主要是指吃方便面“有面子”和“每人一包”。这两句话在广告中与“面得劲，汤鲜美”并列，画蛇添足，稀释了面的主要特质，进一步降低了“面得劲，汤鲜美”与大骨拉面的联系，让一些非重要因素占用了广告的宝贵时间。

华龙大骨拉面也很虚心，两个月后，就推出了新版广告，停播了原广告。

从广告中的人物到文案，对网民和专家的意见几乎照单全收。代言人换成了更有通用性的小女孩儿，“有面子”和“每人一包”没了，“面得劲，汤鲜美”也改成了“拉面面得劲，骨汤汤鲜美”。

整体上，改进后的广告效果要好很多，但是企业的“学费”却已经交了，而且代价不小。

现在回头看华龙大骨拉面的这两则广告，笔者认为创作团队没抓住问题的关键，对市场反馈缺乏独立判断，体现出专业不自信，因为文案并不是该广告的主要问题。

第一，被广泛“吐槽”的吃面“有面子”和“每人一包”，实际上并无大碍，产品反而为此被关注，可以成为广告的一个记忆点。若在后期代言人的表演上，能对这两句话进行戏剧化、幽默化的处理，反而会成为很好的“槽点”（传播点、话题点）。

第二，“面得劲，汤鲜美”，本身也没什么大问题，改成“拉面面得劲，骨汤汤鲜美”，反而有些不精练，因为“大骨拉面”这个名字本身已经把产品特点表达得非常清楚了，只需要多突出强化一下品名就行，文案不需要再重复。好品名本身就是最好的广告。

该广告最大的问题实际上出在代言人的选择上，或者说广告的普适性问题。该广告主要进攻河南市场是没什么问题的，因为《梨园春》在河南广为人知，老少皆宜，有着良好的群众基础，不管是代言人还是文案，都很容易被目标受众理解，但是在其他市场，就会遇到沟通问题。

广告中什么人物“出镜”至关重要

广告是最为浓缩的视听传达艺术。短短几十秒，或仅仅一幅画，要在嘈杂的传播环境中，承担准确传播信息、有效说服消费者的重任。

这意味着出现在广告中的任何表现元素，不管是语言文字符号，还是非语言文字符号，都务必精益求精。

对于语言文字符号（文案），我们强调其精准性；对于非语言文字符号，即广告“人物”，我们强调其符合策略性。

所谓广告“人物”，就是出现在广告中的所有人和物等视听元素。广告“人物”与文案一样，是广告信息的重要承载者和演绎者，是广告的信息载体。

常见的广告“人物”有：产品、名人、典型人物（3B）、典型消费者、普通人物、卡通人物、虚拟人物、特定的视觉元素，以及其他出现在广告中的道具和场景等元素。

广告“人物”对有效展示广告主题、再现使用场景、塑造产品形象、强化产品认知和品牌印象等影响巨大。出现在广告中的人物形象及其设计，常常事关广告成败，不可小视。

早年，汇源果汁推出了一款果汁饮料“奇异王果 V-PLUS”，让通过《士兵突击》而被大众认识的男演员代言，可这款饮料主要是卖给年轻女性的，其结果可想而知。这属于“人物”使用不当的情况。

无独有偶，金猴皮鞋曾经借助因为《西游记》而广为人知的六小龄童代言其产品，一时间该产品名满全国，广为人知，大获成功。

时隔 20 年，金猴皮鞋再次启用六小龄童，制作的广告在一、二线大城市的移动电视上播出。广告中，六小龄童拔根毫毛一吹，就穿上了金猴皮鞋，还摆出一副猴的样子。作为目标人群的中年男性，谁愿意看起来像一只不稳重的猴子呢？从形象设计上看，孙悟空穿上金猴皮鞋后，不应该再表现出“猴样”。这属于“人物”形象设计不当的情况。

2011 年，国内还出现过一则中国历史上“最短命”的汽车广告，仅存活了 120 天，那就是广汽本田第一款合资自主车“理念 S1”的“西天取经”广告（见图 6-5）。

图 6-5　广汽本田“理念 S1”“西天取经”广告截图

广告以《西游记》师徒四人去西天取经为题材，使用“有理念，神马都是浮云”等网络流行语，进行幽默化表现。按照创作人员的说法，该广告希望以“颠覆”“创新有趣”“贴近年轻人”的创意，打破传统局限于车型特定功能介绍的广告，颠覆广汽本田以往稳健的形象。

然而，实际上该车的目标市场是二、三线城市的年轻男性。这个人群注重车的性价比，也在乎面子。买车对于他们来讲，是一次严肃的消费，容不得玩笑，更容不得车与死亡相关联。问题是，在网络上已经有很多人将理念 S1 与“上西天”（死亡）联系起来。试想，有几个人愿意开着被广告“诅咒”的车上路呢？这是广告“人物”取材不当的例子。

所有广告中出现的“人物”，都传递着特有信息。广告“人物”意味着品牌联想！

所以，出现在广告中的“人物”形象及其联想，最好是正面且积极的，让目标消费者获得自我形象的认可和期待。

广告中出现的人和物，应该符合目标受众的认知逻辑、习俗、常识等，不要随意悖逆或触犯。

广告“人物”必须符合策略要求

广告“人物”无小事。它与文案一样，都是对广告传播策略的贯彻和执行。

什么“人物”符号出现或不出现在广告中，何时何地出现在广告中，以什么形象和形式出现在广告中等，都应当严肃对待，科学安排。既要精准，还要恰当。

广告“人物”不可乱用，以免冲淡主题，显得杂乱无章；更不可错用，以免阻碍传播，损害品牌形象。

广告“人物”的运用，应当着眼于广告的创意与表现需要，并在根本上符合策略要求。

典型个案：大益普洱茶到底是卖给谁的

这是一个比较老但是却非常典型的案例，在此与大家分享。

2007 年后，普洱茶市场逐渐回归理性，大益普洱茶一个月内市值缩水较大，并影响着整个普洱茶行业。

然而，在沉寂了半年后，却突然爆出个大新闻——大益普洱茶 5000 万元拿下央视黄金时段。于是，大益普洱茶的央视之旅在 2008 年年初（春节期间）正式开启。

其第一版“茶有大益”广告，只有 15 秒，在央视一套播放。大意是描述一位在城市打拼的年轻人，开车回家探亲，给老父亲带上了一盒大益普洱茶。

在这个 15 秒的广告中，出现了昏暗的天空，光秃秃的护路林，肃杀的大地，老旧的村舍，陈旧的家具，朴实的村民（主人公的父母），还有驾车回乡探亲的年轻人。

由于这是国内第一家普洱茶品牌在央视做广告，所以大益普洱茶广告一经推出就广受关注。从这个角度讲，广告投放行为本身就具有了很好的广告效应。相对于 5000 万元的广告投放费用，获得这些关注度也是赚了。

但整体上，该广告却存在着缺陷。在关注大益普洱茶广告的人群中，就有一位广告人。这位广告人士认为，这次大益普洱茶的广告投放行为，就好比“用黄金做的弓，去射用泥巴做的箭”。言外之意，在如此昂贵的平台上，却投放了一则质量不好的广告。

其主要观点是，该广告偏离了目标市场和目标人群。在这个广告中，产品使用场景是偏僻冷清的农村，消费动机是年轻人孝敬老人，难不成普洱茶与脑白金选择了同一个市场定位？

也就是说，产品的消费场景设置，消费动机设定，消费者形象设计，包括昏暗低沉的调性，都与大益普洱茶的高端定位不在一个频道上。

这个广告，除了“茶有大益”和轻快清新的背景音乐外，广告“人物”的应用不太讲究，甚至说错用了“人物”形象，模糊了市场定位，冲淡了广告主题。

也许是意识到了广告中存在的问题，大益普洱茶很快又推出了新版“相知满天下”的广告。

新版广告中，重点展示了三个饮茶场景：一个是父子之间饮茶畅聊（父亲是退休老干部的知识分子形象），一个是朋友之间小酌叙旧（主角形象不再是奋斗青年而是成功人士），一个是商务合作。

这些消费者场景均发生在都市里，与产品的真实消费场景吻合，而且拍摄环境布置讲究，与预设的品牌形象吻合，整个调性节奏也明亮高昂许多，不再昏暗低沉。

就整个新版广告而言，从文案到“人物”形象，都较好地做到了符合策略性，虽然整个创意表现比较平淡。

不过新版广告也不是没有缺憾。其最大的问题就是放弃了原来的广告语，重新创作了新的广告语：“相知满天下，共享大益茶”。

就旧广告而言，最大的亮点或者说价值，就是那句广告文案——茶有大益。这句话可谓价值千金，甚至千金难买。

在中国，茶被誉为“国饮”。喝茶有益，奉茶有礼，品茶有道。当年，英国前首相布朗在访华前，在其官邸会见了英国各界的华人杰出代表，一起“饮下午茶”，立马获得广大华人欢迎。这正是“茶有大益”的生动体现。有时候，大益就是大义。

所以，当大益普洱茶高调打出“茶有益，茶有大益”时，品位与高度立现，坐稳了高端形象。然而，新版广告竟然放弃了这样的金句，实在可惜！

相对来讲，“相知满天下”更像是白酒广告，多了份广交天下朋友的热情与豪情，少了份交友贵在知己的庄重与宁静。

总之，广告“人物”作为一种特殊的表达符号，有着特定的话语体系和表达方式，只要出现在广告中，就会承载和释放出独有的信息和含义。广告人要学会正确地运用视听语言表达广告主题，传递广告信息。

好广告应当具有很好的媒介普适性

通过观察广告的投放时机、投放平台、投放力度等，可以大致知道该广告是做给谁看的、广告意图是什么等信息。所以，广告投放行为本身就隐藏着很多秘密，评析广告作品时，不可不察。

广告创意表现是广告策略的具体执行和落地。然而，实际上在执行广告策略时，很容易忽略媒介策略。最常见的表现是，对广告的具体投放介质、投放环境等因素缺乏充分考虑，导致做出来的广告缺乏媒介普适性。

所谓媒介普适性，主要是指广告的创意与表现与媒介传播特性的匹配程度。例如，电视属于视听兼容性媒介、时长要求严、绝对费用高、更适合传达简单信息等；纸媒适合深度解读，可以图文并茂并被反复阅读，但是日益缺乏关注度；户外媒介是“一瞥之间”的媒介，受众多在移动中短暂接触广告，要求广告信息务必简单、瞬间传达；广播媒介只能诉诸听觉、通过声音传递信息；网媒则没有时长限制，但对互动性、原创性要求较高，等等。

这些媒介特性都是创作广告时必须充分考虑的。广告人不仅需要知道广告的表现类型，还应该知道广告作品的具体发布环境，如哪家纸媒的哪个版面和具体位置，哪个城市的户外，以及哪些地段和具体形式，哪个电视频道的哪个栏目和竞品广告，哪家网媒的哪些网页和具体位置等。以上媒介信息应该知道得越详细越好。

媒介因素决定了广告的文字方案和视觉方案。所以，在评析广告作品时，要着重考察广告作品是否与其所投放的媒介相匹配，是否与具体的传播环境协调。

如当年赶集网与 58 同城的广告大战，除了在电视上先后轮番轰炸，在移动电视上更是“你方唱罢我登场”。由于公交车是相对密闭的空间，乘客可以不看电视，但是却无法捂上耳朵不听广告。

就以上两个品牌的广告而言，赶集网的广告就比 58 同城的广告更具有媒介适应性。

由于赶集网以童谣《我有一只小毛驴》为背景音乐，虽然有广告中人物的反复絮叨，但旋律上还是让人舒服很多，也更容易让人记住“赶集网，啥都有”这句话。

相比之下，58 同城的广告里只有语速飞快的推销，整个广告信息量很大，让人不胜其烦且不知所云。

好广告要经得起重复

评析广告作品时，除了上文提到的媒介普适性，还应关注广告的有效曝光频次问题，这对于电视广告尤其重要。通俗地讲，就是广告是否经得起重复。

在某种意义上，广告是重复的艺术。一方面，广告需要通过必要的重复才能起作用，鲜有只让受众接触一次就有效果的广告；另一方面，广告重复是门技术活，因为重复（多次暴露）意味着成本。

这里涉及两个概念，一是暴露频次，二是有效暴露频次（Effectve Frequency）。

所谓暴露频次，也称广告频繁度、广告传播平均频率，指在预定时间内，广告信息到达个人或家庭的平均次数。广告暴露频次取决于广告的投放范围、投放密度、投放节奏和持续时长等因素。

广告主和广告人真正关心的是有效暴露频次。有效暴露频次又称有效频次、有效到达率，指在一定时间内同一广告通过媒体，到达同一个人或家庭的数量界限，即对消费者达到广告诉求目的所需要的广告出现频率。

有效暴露频次主要回应的问题是：广告在一定时间内究竟重复暴露多少次为宜？究竟多高的广告发布频次和多长时间的投放才算合理？这两个问题在业界探讨得最多但同时又最无解，很多人都试图破解它，其中“三打理论”最为有名。

“三打理论”[1]（Three Hit Theory）是赫伯特 · E.克鲁门（Herbert E. Krugman）博士 1972 年在《为何刊播三次就够》一文中提出的。该理论认为，消费者对广告的反应有三个阶段：

第一次接触时，这是什么？（知道谁在做广告）。

第二次接触时，在说什么？（对广告内容产生熟悉感）。

第三次接触时，我明白了！（通过广告的强化和提醒，决定是否行动）。

“三打理论”认为，三次是有效频次的底线，不够三次难以产生效果，超过三次，其边际效应就开始大幅下降，因为达到了“饱和点”。

问题是，谁都无法确知广告信息在一定时间内到底是否达到了所有想触达的人群（理论上，一则广告很难完全到达所有人群），即无法确知是

---

[1] 这个英文表达非常到位，hit 一词已经在强调，广告必须有效触达受众。该理论提出了一个非常重要的概念，那就是“饱和点”。从心理学的理论来看，人们随着语言和视觉的刺激，会逐渐增加学习反应，但是随着频率的增加，效果会逐渐下降，即达到一个“饱和点”，也就是说，消费者对不同商品的广告的接触，在 2～4 次时会达到注意的高峰，以后逐渐降低。

否真正实现了心理铺货[1]，所以只好进行“饱和攻击”。

这样一来，就有可能带来广告在一些受众面前的过度暴露。这也意味着，广告不但要有创意，还必须经得起重复。

如“黄金搭档”的广告，虽然在一段时间内暴露频次非常高，也没有特别的创意，但由于借用了大家耳熟能详的儿歌《两只老虎》的旋律，整个广告以歌曲形式进行表现，节奏轻松愉快，信息传达清晰，不至于让人反感。这就是能经得起重复的广告。

不管什么类型的广告，能经得起重复就意味着即使有过多重复（三次以上），也不至于引发受众的反感或带来其他负面效果，意味着能有更好的边际效应。所以，在评析广告作品时，尤其要关注广告作品是否经得起重复。

那么，什么是经不起重复呢？有哪些表现呢？

例如，一些悬念型广告，一旦谜底揭晓，消费者就不再有关注的兴趣了。这就好比一位相声演员抖包袱，第一次听，听众会很新鲜，非常想知道谜底是什么，可是第二次甚至第三次听，听众会有什么感觉呢？悬念型广告的境遇也大抵如此。

同样，一些幽默广告，观众第一次看了会觉得好玩有意思，可第二次、第三次呢？这就好比听一个人讲笑话，当你听到第二次时，还会有兴趣吗？更何况第三次、第四次？所以，一些以悬念、幽默为噱头的广告，往往是经不起重复的。

还有一些制作粗糙甚至低俗的广告，受众第一次看还能忍受，可反复

---

[1] 任何一个企业或品牌在开展市场营销活动时都离不开两个层面的“铺货”：一是实物铺货，即企业通过经销商把产品摆放在消费者面前；二是心理铺货，即企业或品牌通过媒体向消费者(同时也是受众)传达广告信息。这两层“铺货”对应两个货架：第一个是实物货架，就是我们把产品陈列在超市、商店货架上；第二个是心理货架，就是消费者购买某一品类的产品之前，内心已经有一个品牌的排列位置和顺序。对实物货架来说，如果产品摆放的位置非常明显，在消费者面前呈现在比较好的位置，就容易被消费者发现和购买。同样，对消费者心中的心理货架，品牌在消费者心理货架的位置越优越，就越容易被消费者选择和购买。

出现时，受众会是什么心情呢？此时，过多的重复带来的就是负面效果。

如 2018 年世界杯期间，一些电商企业在央视疯狂投放广告，引发网络上很多的“吐槽”。这与其地毯式轰炸有关，也与广告的创意与制作质量有关。

在更早些时候，恒源祥借助其作为 2008 年奥运赞助商的机会，推出了一则 60 秒的让很多观众都以为电视坏了的“卡屏广告”。该广告虽然让人印象深刻，但是大众和媒体的评价以负面居多，品牌形象受到了伤害。

相对来说，脑白金的广告已经做得不错了，那么高的暴露频次，也不至于让人有砸电视的冲动。

所以，为了有效重复（经得起重复），广告人有必要把广告做得耐看一些。

典型个案：猫哆哩的“堵嘴”广告为何遭遇尴尬

猫哆哩酸角糕由云南玉溪市红塔区甜鑫食品公司出品，是云南省玉溪市著名的特色休闲食品，主要针对游客和当地 15～35 岁的年轻人。其中，“猫哆哩”是傣语，意为“阳光男孩”“帅小伙儿”。

猫哆哩虽然是地方品牌，但是却有走向全国的雄心壮志。于是，一次走出去的营销战役在 2011 年正式打响，第一站是昆明市和成都市。

2011 年 6 月，猫哆哩休闲食品的广告开始在昆明、成都两地的公交车、超市、写字楼、电影院共 1 万多块 LED 屏上从早到晚播放，每天大约出现上百次。

该广告的主题是“嘴巴闲着特危险”，主打“堵嘴食品”的概念。定位“堵嘴食品”，算是针对休闲食品的一次大胆的品类创新。

在 60 秒广告中（见图 6-6），女孩送别远行的男友，可能因为一时无话可说，就提议唱首歌，于是被严重唱跑调的《送别》开始响起，男友一看势头不对（无法忍受），惊恐万分，赶紧买了一袋猫哆哩休闲食品给女友，终于堵上了女友的嘴巴，最后推出猫哆哩“堵嘴食品”的概念……

图 6-6　猫哆哩休闲食品广告截图

这个广告由于主要在移动电视上播出，环境封闭、音量较大，还高度重复播放，惹得乘客几乎抓狂，“吐槽”不断：

我就坐半个小时的公交车，至少播了三次！坑人不？

我今天早上坐公交车，人不是特别多，比较安静，就只听见那个可怕的声音在那唱呀！受不了，受不了，受不了！

一个不怎么好听的女声在那唱：天之涯，地之角，OMG。听不下去了，可怜的我还在公交车上呆着。

猫哆哩，我实在受不了你，请停播广告吧。

……

在众多“吐槽”的声音中，不排除一些厂家刻意为之的，为的就是引起关注，但里面也确实有一些真实的网民的声音。一些网民直接表示：“砸那么多钱，知名度是提高了，但引起公愤，到现在还不采取点措施……”

紧接着，一些专家和媒体也开始关注这则广告了，如相关文章有《浅论猫哆哩堵嘴食品定位及广告策略的失误》《公交车的猫哆哩广告有没有人神共愤？》《猫哆哩广告语雷人　工商：商家是打擦边球》等。

本想借助争议引发关注的猫哆哩，最后发现舆论势头不对，于是赶紧采取改进措施。但让人大跌眼镜的是，猫哆哩品牌运营团队竟然直接将原广告“静音”处理。广告变成了“默片”，在嘈杂的公交车上几乎无法被人关注。结果过了一段时间，猫哆哩品牌运营团队又将其又改回了原版广告。再后来，该广告直接停播了。

梳理了一下，猫哆哩品牌运营团队的应对大致经历了如下过程：

第一步，改进争议广告。

第二步，重新播放老版广告。

第三步，完全撤下老版广告。

第四步，推出新品牌“花齿轮”，继续“堵嘴食品”的品类定位。

在这期间，可以看出运营团队的被动和仓促应对。从根本上讲，猫哆哩“送别”广告是一个经不起重复的广告。在相对封闭的传播环境下，制作比较粗糙的广告，无疑带来了一些负面效应，最终伤害了品牌自身。

此外，作为食品，不管定位“堵嘴食品”或其他，其广告都必须具有激发“食欲”的效能，否则，所有的“脑洞”都有可能成为一场品牌的灾难。

在放弃“堵嘴食品”之后，猫哆哩品牌运营团队推出了“快乐超乎想象”广告（见图 6-7）。这一次，猫哆哩的广告就好多了。我们有理由相信，它会更有效。

图 6-7　猫哆哩“快乐超乎想象”广告

第七章

平面、影视、软文广告与作品评析

在一定意义上，平面广告是用图形思考的，影视广告是用镜头思考的，软文广告是用文字思考的。不同的语言系统，决定了各自独特的传播规律。只有充分认识它们的差异，才能提高对广告作品的分析与解读能力。

平面广告的视觉语言系统

本章所讲的平面广告，泛指以两维形态传达视觉信息的广告类型，常见的有印刷类、非印刷类和光电类等。

评析平面广告作品，离不开对平面广告语言的了解。只有充分了解平面广告的语言特点，才能更专业地评析其语言要素的运用是否得当、合理，是否有改进的空间。

平面广告主要借助视觉语言进行表达和沟通。在了解平面广告视觉语言之前，有必要先了解自然语言（Language）。

我们平时所说的语言，就是自然语言。它是随着人类社会而产生和发展的人类所特有的重要表达方式和交际工具，是由词汇按一定的语法所构成的复杂的符号系统，包括词汇系统、语法系统和表达系统（口头表达和书面表达）。

语言一旦形成，就具有相当的稳定性和群体性。语言的最大功能是思维功能和社会功能（表达沟通）。在人类活动中还逐渐衍生出一些专属语言，如建筑语言、计算机语言、服饰语言、园艺语言、镜头语言、版面语言、视听语言等，它们与自然语言都有相通之处。

就视觉语言而言，它是可以传达情感理念和信息的视觉样式，是由视觉符号、设计原则和表现形式构成的一套具有传达意义的符号系统。它主要依赖视知觉作用原理发生作用，是属于造型艺术（美术）范畴的概念。

其中，视觉符号主要包括线条、形状、明暗、色彩、质感、肌理等。这些符号相当于自然语言的词汇系统。在平面广告中，这些视觉符号主要是图形、文字、色彩等。

设计原则主要涉及布局、对比、节奏、比例、平衡、统一等。它们相当于自然语言的语法系统，是艺术家用来组织和运用视觉符号传达特定信息的原则和方法。

表现形式相当于自然语言中的表达系统。不同视觉艺术使用的表现形式也不一样，它们可能是建筑、雕塑、绘画、工艺美术、设计、书法、篆刻等。平面广告设计只是其中的一种表现形式。

不同行业领域的语言系统，在一定意义上可以看作人类思维的一种特定表达手法。虽然这些语言系统的载体和工具不同，但它们是实现信息交流和沟通的基础。

视觉语言像人类的自然语言一样，也具有相当的稳定性和群体专属性，具有思维功能和表达沟通功能。

在“读图时代”，视觉语言极为重要。平面广告创意与表现的核心任务就是将所要表达的观念、思想或某种意图，借助特定的视觉符号，转换为某种视觉样式，使之成为一种目标受众可以看得懂的视觉形象。

平面广告的创意与表现，是一种由抽象到具象、由复杂到简单、由平淡到生动、由模糊到直观、由深奥难解到浅显易懂的视觉说服过程，也是一种提升传播效率、寻找最佳视觉方案的创作过程。

在这个过程中，图形、文字、色彩是实现从“意”到“像”转换的核心符号，也是平面广告设计的重点。只有三者相辅相成，才能共同构建一个精彩的“形色世界”。

出色的广告图形可以独立“讲故事”

图形是平面广告诸多要素中重要的视觉符号。严格来讲，广告图形[1]包括原始图像和创意图形。

原始图像是人们对客观存在的事物的直观、真实的描述，通常包含明暗、场景、轮廓、色彩等大量细节，如产品照片、企业图像、产品使用图像、技术图像等。

而创意图形则是人们根据客观事物而主观形成的一种人为描述，是通过解构形成的一种全新的视觉符号。

创意图形通过一定的形态来表达创造性的意念，核心是将设计思想可视化，使设计造型成为传达信息的载体。创意图形是备受瞩目的视觉中心，是作品的灵魂。

事实上，在平面广告中很少出现原始图像，即使有，也已经不再是原

[1] 从大的范畴看，广告图形属于艺术图形。按照功能目标，图形可以分为技术图形和艺术图形。技术图形主要应用于科学领域和与社会规范相关的标志系统，如地图、股市行情图、交通标志等；艺术图形主要应用于与人类精神生活相关的人文领域，如绘画作品等。

来意义上的图像了。所以，平面广告中的图形，在一定意义上都是创意图形。

常见的创意图形可以是具象图形，也可以是抽象图形和意象图形。从表现形式看，创意图形可以是同构图形、正负图形、异影图形、聚集图形、悖理图形、渐变图形或减缺图形等。

广告图形具有突出的视觉吸引力和艺术感染力，具有直观真实、简洁易视、艺术生动等表现优势。

平面广告的首要任务是沟通与说服，是一种商业表达而非艺术表现。如果有人看不懂凡高的画，我们可以视为正常，但如果目标受众看不懂一则广告，那就是一种失败了。

优秀的平面广告，可以在没有文字协助的情况下，实现完美的沟通交流。反之，有问题的平面广告，往往在创意图形的表现上出现各种问题，比如：

（1）所用图形不够典型，信息传递不清晰。

（2）缺乏原创性，存在模仿抄袭痕迹。

（3）缺乏文化内涵，矮化品牌形象。

（4）所选图形不够准确贴切，表意模糊。

（5）缺乏认知基础，受众无法理解。

（6）容易产生歧义，引发受众误解。

（7）处理粗糙，影响了产品质感。

（8）调性不对，阻碍品牌关系的建立。

……

这些都是评析一则平面广告时需要注意的广告图形问题。

色彩是最好的“调情”手段

远看颜色近看花。人们对一个事物的认知首先是从色彩开始的，首先映入眼帘的是色彩，然后才是事物的形状和细节。正因为这种认知规律，在色彩营销界流行着“7 秒定律”。

美国流行色研究中心的一项调查发现：面对琳琅满目的商品，人们只需 7 秒就可以确定对这些商品是否感兴趣，在这短暂而关键的 7 秒内，色彩成为决定人们对商品好恶的重要因素，发挥着 60%以上的决定作用。

“7 秒定律”正是色彩营销的理论基础，它影响着产品设计、包装设计、广告设计等营销传播的方方面面。

色彩具有醒目、突出、快速的信息传达优势，对人的视觉冲击力比其他视觉要素更强、更快，也更能影响人的感觉、知觉、记忆、联想和情绪等心理过程。就一幅广告作品而言，色彩无疑是最具视觉冲击力的元素，具有“先声夺人”的魅力。

平面广告中的色彩是通过整体效果发挥作用的。在广告画面中，占据最大面积的颜色的性质，决定了整体色彩的调性。在平面广告中，色彩无疑是最好的“调情”手段。

首先，不同色彩能带来不同的心理效应。色彩借助色相、明度、纯度等属性，可以带来冷暖、软硬、轻重、明暗、强弱、面积、味觉和空间等心理感受。

如食品广告可以使用红色和黄色来表现活力、美味，酒类广告可以使用蓝色和紫色来渲染神秘高贵，冷饮广告可以使用蓝、白两色来帮助人们消除酷热中的烦躁与不安，药品广告可以使用蓝、绿、白等冷色来突出产品的安全、健康。

其次，广告中不同的色彩还能带来不同的味觉和嗅觉感受，即通感。例如，黄色、橙色、粉红色、乳白色等能带来甜味感受，柠檬黄、黄绿色、绿色等能带来酸味感受，明亮的蛋黄色则能带来香味感受。

最后，广告中不同的色彩、基调的变化组合，可以表现出不同的情感，体现出不同的象征意义。

此外，广告整体色调的设定，还取决于传达对象的属性，需要找到产品所属群体的“概念色”和“惯用色”。不同行业的产品和不同定位的品牌，需要精准地面对地域、风俗、习惯、信仰、价值观，以及消费动机、消费场景和消费情况各异的消费人群。

总之，想让平面广告准确阐释广告主题、传达广告内容，就必须恰如其分地运用色彩。广告中整体的色相、色块的大小、色彩的强度与明暗等，都需要细加考究。

平面广告的构图原则与修辞手法

若说图形、色彩、文字属于平面广告视觉语言的词汇系统，那么构图和修辞可以看作视觉语言的语法系统。

一、构图原则

广告构图属于二维空间表达。所谓广告构图，又叫广告布局，指在预定规格、尺寸的版面内，将文案、图形等广告信息和视觉要素，进行整体上的创意性编排组合，甚至形成视觉上的节奏和韵律，从而取得出色的效果。

广告构图与绘画构图有着本质区别。广告构图首先要考虑的是如何通过构图，更加清晰地表现主题、实现广告目标，不以单纯的美学原则为前提条件。

广告构图一般要遵循“统变有度、有主有从和均衡协调”的设计原则。

所谓“统变有度”，即在整体上统一完整，在局部上活泼变化。

所谓“有主有从”，就是坚持视觉元素主从分明不杂乱，详略得当不呆板。

所谓“均衡协调”，即坚持表现要素之间的对称均衡、平稳庄重、对比协调，给人以美感。

二、修辞手法

为了提升广告效果，平面广告的视觉语言也必须讲究修辞技巧，即视觉修辞。

修辞的本意是为了更好地表达而进行的语言修饰。视觉修辞同样是为了更好地表达而进行的视觉语言修饰。常用的视觉修辞手法有比喻、夸张、借代、对比、示现和比拟等。

比喻是一种常用的修辞手法，用与甲事物有相似点的乙事物来描写或说明甲事物。在视觉语言中，比喻表现为抓住两种形象的相似点，把一种事物看成另一种事物，从而达到表达意图。

夸张是对事物的形象、特征、作用、程度等方面，着意夸大或缩小的修辞方式，目的是把事物的本质更好地体现出来。在视觉语言中，夸张往往在客观事实的基础上，放大或者缩小事物的形象特征，使图像效果有别于现实经验。

借代是指借用与某物（本体）密切相关的人或事物（借体），来代替该物的修辞方法，包含本体和借体两部分。在视觉语言中，借代的表现形式有部分代整体、特征代本体、具体代抽象等。这可以使画面拥有形象突出、特点鲜明、具体生动的效果。

对比就是把两个相反、相对的事物，或同一事物相反、相对的两个方面，放在一起进行比较的修辞手法（也有人认为，对比不属于修辞手法）。在视觉语言中，对比可以使事物的形象更鲜明，感受更强烈。

示现就是把实际上没有看见、听见的事物，说得活灵活现，描绘得栩栩如生，让人仿佛历历在目的修辞手法，常见的有追想式示现、预感式示现和悬想式示现三种。在视觉语言中，可以根据丰富的想象和大胆的联想，通过旧元素重新组合或重新构建，以画面的形式将所想之物、之情、之境呈现出来，以新奇有趣的表现形式引发观者心中的共鸣，提升广告的记忆效果。

比拟是把甲事物模拟作乙事物来写的修辞方式，包括拟人（把物当作人来写）和拟物（把人当作物来写）。

平面广告的创意性或原创性，通常就是通过视觉修辞实现的。恰到好处的视觉修辞，是提升关注度、形成记忆点的关键，更是生动诠释广告主题的不二法门。

典型个案：百雀羚《一九三一》微信长图广告的得与失

随着微信等社交媒体平台的崛起，基于移动互联网的广告传播迎来了高潮，相应的广告创作也前所未有地活跃起来。百雀羚的《一九三一》微信长图广告，就是这股创新浪潮中迸出的一朵浪花。

一、广告背景

2017 年 5 月 7 日，百雀羚制作的微信长图广告《一九三一》开始“刷屏”（见图 7-1）。

图 7-1　百雀羚《一九三一》微信长图广告截图

这个广告用“一镜式”长图讲述了一个历史感十足的民国谍战故事：一身民国打扮的女主角，穿过上海滩的街道，一路上，她经过了穿着民国服饰的游行队伍，路过了黄包车、西餐厅、小笼包店，以及旧上海的建筑和洋行……最后女主角找到了刺杀目标——时间，将其一枪击毙。最后，出现广告文案：“百雀羚，始于 1931 年，陪你与时间作对。”

根据官方介绍，上海百雀羚日用化学有限公司是一家集研究、开发、生产、销售服务于一体的化妆品专业生产企业，创立于 1931 年，是国内屈指可数的历史悠久的著名化妆品厂商。

该公司拥有百雀羚、凤凰、小百羚、Disney 等品牌，主要生产的大类产品有护肤用品、洗护发用品、个人清洁用品、花露水和美容化妆用品等。

国际化和年轻化是百雀羚的当务之急。在《一九三一》广告出街之前，百雀羚曾邀请过一众明星做代言，曾四次独家特约赞助热门综艺节目，2016 年更是冠名了电视剧，还与新锐民谣歌手合作，并推出视频广告《四美不开心》和《过年不开心》等微电影。

二、现象级广告是失败的吗

《一九三一》广告出街不到三天，仅微信平台的阅读量就近 3000 万，加上微博、客户端、网页、报刊、论坛等平台近千篇文章，总曝光量轻松过亿。百雀羚的这则“神广告”可谓近些年自媒体广告中一颗闪耀的明星，所取得的成就具有里程碑意义。

然而，“神转折”出现了。一篇《哭了！百雀羚3000万+阅读转化不到0.0008》的微信公众号文章立马引发业内争议：这则广告到底是品牌广告还是效果广告？因为这决定了衡量广告成效的标准。毕竟，品牌广告追求的是长期过程，重在树立形象，而非效果广告看的中短期转化率。

就该广告的初期目标而言，是为了推广母亲节的礼物“月光宝盒”，期间需要发“百雀香粉”截图给客服以获取优惠券（见图7-2），具有显著的促销目的。从转化率看，确实不理想。那么，这个广告真的是失败之作吗？

图7-2　百雀羚《一九三一》促销信息部分的截图

广告传播是一个动态过程。一个以促进产品销售为目的的广告，也可能因为种种原因，最终演化成一场广告事件，甚至演变成品牌狂欢。但不能因为广告的走势违背了传播初衷，就判定它是失败的。正所谓“失之东隅，收之桑榆”，辩证法也适合广告传播活动。

从广告的品牌效果看，《一九三一》广告瞬间引爆网络，成为营销界的一场大事件，百雀羚也广受瞩目，曝光率自然不在话下。至少，从品牌知晓度甚至好感度上讲，《一九三一》广告为百雀羚“赋能”不少。

若我们就这么轻松地解释了《一九三一》广告所遭遇的尴尬，也未免过于草率，有必要深入琢磨它究竟给品牌带来了什么。除了知名度和好感度，我们还有必要思考《一九三一》广告所带来的对其他品牌的影响。

就《一九三一》这个长图广告而言，看过的人无疑对其中刺杀"时间"的美女特工，以及20世纪30年代的"民国风"印象深刻。若说美女特工在符号意义上代表年轻女性，那么"民国风"代表什么呢？

毫无疑问，"民国风"在传递百雀羚历史感的同时，让它又一次回到了"远古时代"，甚至成为"古董级"的化妆品，或者"妈妈级"的化妆品（从本次促销活动看，其礼品装"月光宝盒"确实是母亲节礼物）。

问题是，"80后""90后"会为这种"民国风"买单吗？即使他们参与了这次狂欢。研究品牌传播的人都知道，讲故事的素材终将转化成受众大脑里的"品牌联想单元"，并最终成为品牌印象的重要组成部分。

年轻化是大多老字号品牌所面临的共同任务。不过，年轻化并不意味着到幼儿园跟孩子们打成一片就行了，而是心态、身态、神态都要年轻，好比一位70岁老人在健身房练出20岁的身材还能走T台秀一样。年轻化是品牌从里到外的阳光状态，是品牌随时随地抹掉时间痕迹的强大生命力。

三、视觉语言的胜利

整个广告14张图，前3张属于"特写镜头"，独立展示人物，做铺垫，后面11张，通过透视和遮挡的手法，连成无缝连接的一镜式动态长卷。就《一九三一》广告的整体表现风格而言，该广告可以归为微漫画广告，虽然在素材使用上并不十分讲究，如里面有插画、照片拼贴等"混搭"。

《一九三一》广告的成功，主要得益于独具特色的"长图叙事"。该广告一镜到底，移步换景，让人欲罢不能，成功地吸引读者看下去，直到最后出乎意料地出现了广告信息。正是这种影视表现手法的平面化应用，使该广告一夜间现象级"刷屏"。

可以看出，为了达到理想的传播效果，创作人员在人物情节的设计和制作上下了不少功夫，参考了很多影视作品的经典场景，用图片成功地把人们又一次拉回那个风云变幻的年代。尤其是女主角，被设置成一袭绿色紧身裙的美女特工，调性上与百雀羚的标准色也非常吻合。只是，大量出现的民国元素，强化了百雀羚的历史感，而非时尚感，多少带来了消极联想。

广告传播从来都不是一次性的行为，它是一个品牌保持活力所必须坚持的持续有氧运动。所以，若能从这则现象级广告中留存一些珍贵元素，在日后的传播中得以继承和发扬光大，也不失为“聪明之举”。

那么，《一九三一》广告中有视觉元素值得留存和继承吗？肯定是有的，如穿着绿色旗袍的美女特工形象。

影视广告视听语言的三大特点

影视广告是一种依赖屏幕播放的广告形式。完整的影视广告语言通常由视觉语言和听觉语言两大语言系统构成。

与自然语言类似，影视广告的视听语言也包括“词汇系统”和“语法系统”。在视听语言中，“词汇系统”主要指视觉符号（镜头、光线、色彩等）和听觉符号（有声语言/人声、音乐和音响）。

“语法系统”主要指声画叙述规则。视听语言的独特性在于，它通过蒙太奇所具有的语法、句法功能，表达出独特的时空结构和时空节奏，呈现非连续时间的连续性和空间上的再现与重构。

影视广告同时具有影视作品的艺术性和广告传播的商业性。所以，影视广告的视听语言在遵循一般视听语言规律的基础上，还有着自身的独特性。

首先，影视广告时间短、注重“时效”（时间效益）、剪辑节奏快、时间压缩率大。这一特点决定了影视广告的视听语言必须“字字珠玑”（包括镜头和文案），分秒必争（节奏要快），几乎每个镜头的选择和取舍都必须有意义，必须制作精良，还要言简意赅有看头。在镜头运用上，短镜头多，长镜头少，镜头切换快，跳跃性强；叙事是手段而不是目的，对镜头组接规律的要求没有电影电视那么严谨。

其次，影视广告传播环境差、关注度低，不如电影、电视剧的传播环境。这一特点决定了影视广告必须信息单一，主题明确；充分发挥听觉语言的作用，引导观众“循声探源”，由听而看，通过声画蒙太奇的大量使用，做到“先声夺人”；镜头要反差大，画面富于变化，给观众带来强大的视听刺激和震撼；大量使用夸张等表现手法，给人以动感和美感。

最后，影视广告目的性强、追逐商业利益、追求包容创新，通常会适度牺牲艺术性，目的是制造强烈的冲击力并给受众留下深刻的印象。这一特点决定了影视广告必须聚焦产品/品牌特性、突出产品/品牌形象；使用跳跃式的、省略动作过程的剪辑手法，简化场景、淡化情节；打破常规，大量使用蒙太奇加减法原则，制造各种特效；突出视听关系、表现更夸张，而不必以人们通常观察事物的视角呈现客观事实。

总之，这些特点决定了影视广告的视听语言，必然不拘一格，但求有效表达宗旨。

视觉语言：用镜头、色彩和光线组合出“说服魔咒”

在影视广告中，视觉语言是视听语言系统的重要组成部分，主要包括镜头、光线和色彩，其中，镜头是核心。

一、镜头

镜头是摄像机每拍摄一次所摄取的一段连续画面，是影视广告最基本的叙事单元。一则影视广告由一系列镜头组接而成。

作为影视语言的核心符号，镜头“直接展现了现象界的万事万物”，常见的有普通镜头、广角镜头、超广角镜头与长焦距镜头，或者主观镜头与客观镜头，或者动态镜头与静止镜头，或者单构图镜头与多构图镜头，或者快镜头、慢镜头与常速镜头等。

镜头对影视广告创作起作用的核心因素主要包括画面、景别、角度、运动等。

良好的画面表现能够带给观众美的享受，同时达到宣传产品的目的。画面的构图方式是多种多样的，有封闭式或开放式的，有深层次或简单的，也有规则或不规则的，但是无论哪种形式，都应该与所传达的广告主题相符。

景别是主体形象在镜头固定的情况下，因取景距离的变化而形成远近大小不同的画面和空间关系，进而引导观众注意力的镜头运用方式，常见的有远景、全景、中景、近景和特写等。

拍摄角度不同，可以产生不同的表现效果。常见的镜头角度有正面、背面、俯面、仰面、侧面。

镜头运动是发挥镜头创造力的重要手段，主要有推、拉、摇、移、跟、升、降等方式。在影视广告中，推镜头有助于突出主题和重点，拉镜头有助于交代空间关系，拉出意外之物，创造戏剧效果。

作为对实拍方式的重要补充，数字技术现在已经全方位介入影视广告制作过程。数字技术更容易表现抽象的概念和复杂的影像变化，提升和拓展了影视广告的趣味性和可视性。

二、光线

影视广告也是光与影的艺术。光线可以直接影响作品的信息传达效果。恰当的光线，能够营造特定氛围，渲染情感，塑造人物或环境的视觉形象与质感，突出主视觉形象或细节，增强视觉冲击力和美感。

根据光的性质（决定物体造型力度）、主次（决定照明系统的总体格局）和方位的不同，可以分为硬光与软光、主光与补光、水平光和垂直光。

三、色彩

色彩与光线一样，是影视艺术富有意味的造型元素，是影视广告视觉效果的重要因素，其审美作用不言而喻。色彩可以直接展示自然物体的外观，进行环境造型和人物造型；色彩可以表达内心情感、唤起情绪、渲染气氛；色彩可以用来暗示某种抽象概念，表现象征和隐喻；在某种条件下，色彩还可以创造特殊的审美意味。

在今天，广告调性日益受到重视。作为重要的造型元素，色彩在确立和展现广告的总体情绪和主题基调上，具有独特的优势。

色彩有助于形成和强化特定的色彩基调，让广告表现出总的色彩倾向和风格，通过与光线、镜头、剪辑等元素的结合，让广告作品具有音乐般的视觉节奏和韵律。

听觉语言：让观众“循声探源”

声音在广告的先导吸引方面功不可没。影视广告是一种声画结合、视听兼备的影视作品。优秀的影视广告总是善于借助声音“先声夺人”“声情并茂”“声名远播”，甚至成为开启品牌记忆的按钮。

在一定意义上，与其说影视广告是视觉的艺术，不如说它是听觉的艺术，因为影视广告成功传播的最大秘密就在于，观众是“听声音找声源”（循声探源）的。

就传播力而言，在一定声场之内，声音的传播是不可抗拒的，甚至是强制的、暴力的。很少有受众主动关注广告，但声音却可以有效改变观众的无意关注状态。

具体到影视广告，声音分为音乐、音响、人声三种。其中音乐音响善于渲染情绪、调节气氛，语言善于直接表达诉求。这些声音形态通常组合交叉、协调配合，共同发挥作用。

一、音乐

音乐，即有节奏有旋律有调式的声音，分声乐和器乐。影视广告中的音乐可分为画内音乐和画外音乐，在使用方式上分背景音乐、主题音乐和广告歌曲等。

音乐具有描绘、抒情、结构贯穿、制造喜剧性等功能。在影视广告中，音乐能够增强画面的动感与真实性，渲染画面气氛，展现立体幻境，推动故事情节发展，左右广告节奏，增强作品的艺术性。

能引起受众关注、好感、记忆的音乐，通常有一些共同特点，如节奏感强、旋律轻快或调式优美等。例如，2018 年世界杯期间可口可乐的广告《Shock Up》，就是艺术价值很高的为可口可乐量身定制的广告歌曲，也是这则广告作品的突出亮点和记忆点；拼多多的广告歌曲同样让人印象深刻。

就音乐的使用策略而言，可以借用现有的音乐作品，可以借用现有音乐的旋律重新填词，也可以专门创作广告歌曲，但无论哪种音乐使用策略都要符合品牌调性和受众需求。

二、音响

音响是指除音乐、人声外的所有声音，包括自然音响（产生于大自然的声音）和生活音响（由人类生产活动而产生的声音）。这些声音也分为画内声音和画外声音，不过影视广告中的音响大多是人工合成的。

特定的音响能够极大地烘托气氛、渲染情绪、吸引注意。不过整体上，音响在影视广告中使用较少，不如音乐使用得更普遍或更有表现力。

在一些“声音创意”的影视广告中，音响元素却是作为整个广告创意与表现的核心点加以使用的，如一些食品广告中，嘎嘣脆的咀嚼声、冒着热气（香气）的嗞嗞声、逼真的啃食声等，都可以成为独特的创意点和记忆点。

三、人声

影视广告中的人声是广告文案的有声表达，即把书面语言转化为口头语言，是对广告文案的二次创作，是影视广告解说诉求的重要手段，主要包括对话及以画外音形式出现的独白、旁白等。

从书面语言转换成口头语言，离不开出彩的声音设计和表演。针对不同目标受众，应当设计相应的音色、音调和音量，以及语速和节奏。

人声中最重要的部分是广告语和主题句。一些广为人知的广告语，大多借助影视广告得以广泛传播；一些能被消费者关注和记住的产品特色，往往通过广告语或主题句实现，所以它们也是常常被强调或突出的部分。

四、无声

说到声音，人们总会想起以上三种，实际上还有一种，那就是声音的极端表现形式——静默。正常声场中声音的意外休止，同样会引发关注，正所谓“此时无声胜有声”。知觉心理学告诉我们，突然的高声或突然的静默，都是打破声场恒常性的做法，这种做法能够极大地引起人们的兴趣，捕获注意力。

让蒙太奇施展叙事、思维和节奏的魔力

影视广告离开了蒙太奇就难以有效表情达意。

在影视理论中，蒙太奇指用来表达镜头之间、声音之间、声画之间衔接组织的方式，是构成影视广告的基本语言和手法，也就是俗称的“剪辑”，属于影视广告制作的后期工序，也是视听元素的再创作。

作为影视广告特有的叙事手段和表现方法，蒙太奇按照功能可以分为叙述性蒙太奇和表现性蒙太奇。叙述性蒙太奇的主要功能是讲述故事、交代情节、展示事件，包括连续蒙太奇、平行蒙太奇、交叉蒙太奇等。表现性蒙太奇是指通过镜头之间内容或形式上的呼应，产生单个镜头所不具有的丰富含义，以表达和渲染某种感情，包括抒情蒙太奇、心理蒙太奇和对比蒙太奇等。

如果不遵循蒙太奇的表达规律，胡乱使用，广告作品就可能要么缺乏新意，手法老套，要么逻辑混乱，导致观众看不懂，甚至产生歧义，所以蒙太奇的使用必须科学合理。

近年来，色彩蒙太奇、光影蒙太奇、镜头内部蒙太奇等新的蒙太奇手法，被应用于影视广告创作中，其构建时空的能力也越来越强大。

总之，蒙太奇经过多年的发展和完善，在影视广告中的应用已经不仅是一种技术，更成为一门艺术。广告人应该让蒙太奇在叙事、思维和节奏上充分发挥作用，施展魔力。

典型个案：为何小肥羊的广告表现无法支撑核心诉求

2012 年，百胜集团收购小肥羊，自此开始了品牌升级之路。自 2016

年以来，围绕“一锅汤，一盘肉”这一核心诉求点，小肥羊请来了国内一流的创作团队，开始了全新的品牌传播活动。

结合小肥羊的品牌发展阶段、面临的经营困境及竞争环境，我们大致可以推断其本轮品牌传播的主要目标。

一是塑造高端火锅的品牌形象。餐饮大品牌时代已经来临，重新唤起人们对小肥羊的好感，吸引老顾客回流，塑造小肥羊的高端品牌形象，获得消费者认同成为关键一步。

二是升级并传递小肥羊的核心卖点。面对竞争，具有显著差异的产品特色极为重要。小肥羊的区隔化竞争策略很简单，就是倡导简约化的火锅消费理念，于是就有了基于自身特色的“一锅汤，一盘肉”的核心特色总结。

三是为小肥羊注入活力，获得年轻人的青睐，让品牌更加年轻化。寻求一流创作团队操刀，正是小肥羊品牌年轻化的一次大胆尝试，目的是激活这个有些老化的品牌，让其充满人格化色彩，以此赢得年轻人的喜爱，在热议中扩大目标人群和影响力。

一、注定坎坷的“寻味之旅”

2016 年，小肥羊推出了一则令人惊艳的广告大片《寻味之旅：138 种食材的奇妙旅行》（见图 7-3），出现“刷屏级”传播，并一举夺得 2016 年“金榜奖”的年度最佳美食内容营销案例奖，以及 2017 年中国广告影片“金狮奖”的最佳美术奖。

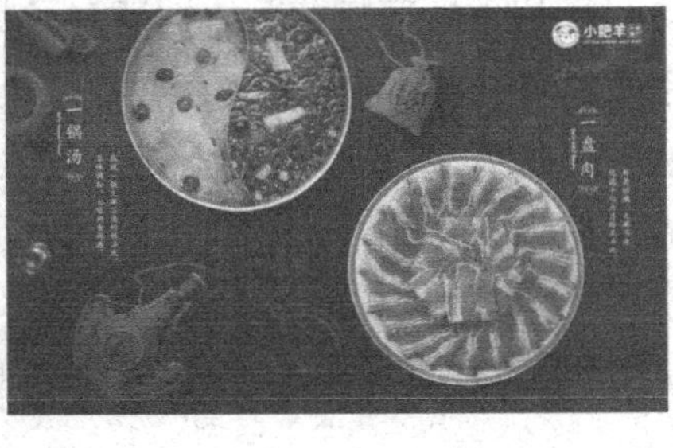

图 7-3 小肥羊《寻味之旅：138 种食材的奇妙旅行》广告截图

一年之后，小肥羊沿着同一思路，再次发力，又推出《寻味之旅Ⅱ：千里江山图》。158 个食材“演员”，重现了这一幕幕烟波浩渺、山峦叠嶂、鸿雁长飞、鱼龙潜跃的壮美景致，再次引发关注。

小肥羊似乎实现了华丽转身，重新进入消费者的视野。但是，这两则“刷屏级”广告的真实效果到底如何呢？真的能帮助小肥羊华丽转身吗？

为了评估消费者对这两则广告的认知与记忆情况，我们剪掉了视频最后含有小肥羊品牌信息的画面，让受访对象观看视频并回答问题，最后搜集了 109 个有效样本。尽管数量有限，但所得数据仍有参考价值。调研结果显示，这两则广告的“旅途”并不顺利。

（1）无法有效唤起消费者的食欲

“寻味之旅”系列广告引发了广泛关注。

小范围的调查显示，将近九成的受访对象都喜欢这则广告，大家纷纷表示：“太美了！画面和造型都很棒”（见表 7-1）。

表 7-1　您喜欢这个广告吗

选项	小计	百分比
非常喜欢	49	45%
喜欢	43	39.5%
无感	13	11.9%
不喜欢	4	3.7%

视频本身的成功，制作团队功不可没。从食材选取到搭景布光，一切细节都费尽了心思。甚至可以说，这是国内整个行业的创意传播水平的标杆，国内类似高水平的广告确实不多见。

然而，喜欢广告不等于喜欢广告中的产品或品牌。在我们进行的深度访谈中，有受访对象表示：“可能是因为《舌尖上的中国》有太多的信息积累吧……现在看到肉山有一点感觉上的不适。”甚至还有人更直白地说：“看完了，感觉我像在吃橡皮泥。它想弄一个非常好的意境，喜欢摆自然景观，但是并不吸引人。这种含蓄的表达加上让人并没有什么欲望的画面，没办法让人有想吃的冲动。”

是什么造成了消费者喜欢广告却不愿消费的结果呢？我们认为主要在于：食材没有演绎出食欲，虽然丰富但没有演绎出美味，唯美意境没有演绎出享受美食的氛围。

与略带油腻、热气腾腾的火锅体验不同，这则广告有着清新、克制又高级的风格，乍一看，很难让人联想到冒着泡和热气的火锅汤底。“寻味之旅”系列广告的问题已然显现。

（2）较低的品牌关联度

在我们发放的100余份问卷中，几乎所有受访对象都不知道这是小肥羊的广告。也就是说，大多数人无法从视频内容上察觉品牌特性（见表7-2）。难道“寻味之旅”系列广告只在营销圈“刷屏”了？

表7-2 您知道这是哪个品牌的广告吗

选项	小计	百分比
不知道	105	96.3%
我知道，是___	4	3.7%

我们认为，品牌关联度低与整个广告的表现策略有关。广告中使用了大量新鲜食材进行表现，但是这些食材与小肥羊的主打食材之间缺乏内在关联，广告中间也没有穿插小肥羊的品牌信息，让这个广告更像火锅行业的一次“寻味之旅”和火锅版《舌尖上的中国》。

换言之，该广告做到了品类关联，但是没有充分做到品牌关联。这源于广告没有有效凸显品牌的独特内涵和产品特色，表现偏离了广告的核心诉求。100 多种食材的“表演”，只能让人觉得“食材丰富”，而非简约。

在后续的小范围深度访谈中，有被访者直言：“看完这个火锅广告，觉得食材很丰富，而且有种新鲜自然的感觉。”而问卷数据也显示，约七成人看完该视频，对该品牌的整体印象是“食材丰富、食材新鲜”。

显然，消费者得到的品牌印象与该品牌“一锅汤，一盘肉”的定位之间出现了较大反差。为了确认广告表现策略是否偏离了广告主题，我们在问卷中专门设置了一个小问题：“以下几句话，您觉得哪句应该是这段视频的广告语？”（见表 7-3）。

表 7-3　以下几句话，您觉得哪句应该是这段视频的广告语

选项	小计	百分比
好料·好味道	18	16.5%
你好，重庆！	10	9.2%
一锅汤，一盘肉	15	13.8%
为美好相聚沸腾	27	24.8%
承续百年炉火，再创二度辉煌	14	12.8%
健康饮食开启美好生活	16	14.7%
以上都不是	9	8.3%

数据显示，受访对象认为最适合这个视频的广告语（主题）是“为美好相聚沸腾”，其次是其他火锅品牌的“好料·好味道”和“健康饮食开启美好生活”，选择小肥羊的“一锅汤，一盘肉”的受访对象竟然不到 14%。别忘了，这可是专为小肥羊制作的广告呀！

二、不对味，永远都“熟”不起来

2018 年 10 月，小肥羊推出了新广告《我们很快就熟了》（见图 7-4）。这次的广告内容大变脸，从侧面验证了我们的一个判断：之前的“寻味之旅”系列广告看似热闹，但效用可能并不大。

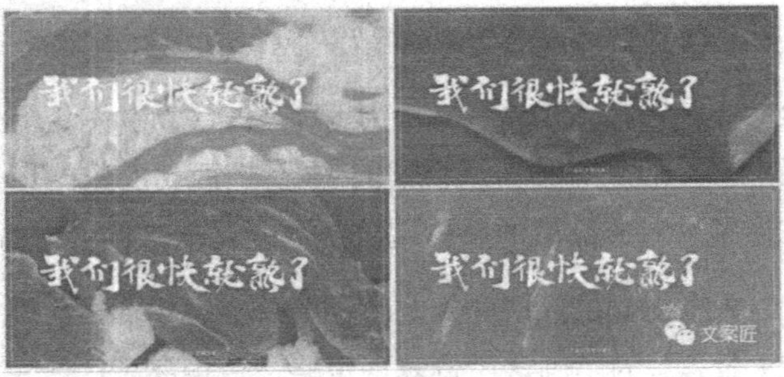

图 7-4 小肥羊的《我们很快就熟了》广告的截图

《我们很快就熟了》广告长达 4 分钟：在蒙古的草原上大摆宴席，招待来自世界的宾客，在“一锅汤，一盘肉”前，大家放下“戒心”，成为相熟、相知、相依、相沫的好朋友。这一次，旁白、字幕贯穿整个视频，一别之前的文案冷淡、克制的风格。很显然，这次广告主打社交话题。

只是，这一次，该广告恐怕连“刷屏”的机会都不会有了。

（1）这个广告丢掉了“寻味之旅”系列广告的精华

如果说“寻味之旅”系列广告有些文艺，那么《我们很快就熟了》广告又有些外行，几乎不明白火锅的消费动机，更不理解火锅背后的饮食文化。

原来的“寻味之旅”系列广告在塑造品牌的品位、调性和档次感上，还是有很多可圈可点的地方的，“云雾肉山”“高汤瀑布”等精美的场景，给人们留下了深刻的印象。新作品把这些对品牌联想极有价值的东西全都抛弃了，着实可惜。

《我们很快就熟了》广告就这样从一个极端走向了另一个极端。通篇深沉的文案，过多杂乱无关的镜头，让年轻人也很难喜欢起来。

如果说在第一阶段仅在质疑“生肉能否引发食欲”，那么现在，我们可以肯定地说：活蹦乱跳的小羊一定不会引发食欲。不能引发食欲的餐饮广告注定是失败的。

相比“寻味之旅”系列广告，这个新广告片连品牌的调性和档次感都维持不了了。

（2）不熟的人不会在一起吃火锅

新广告片对食材的使用变得克制起来，以美食作为纽带，有意加入“社交”元素，开始了“美食+社交”的新玩法。然而，主打社交，不一定就是好的主题策略，更无法体现小肥羊的核心特色“一锅汤，一盘肉”。

我们质疑的理由在于：不熟的人会在一起吃火锅吗？

带着这一疑问，我们做了一个简单的问卷，有这两个问题：①你最喜欢和谁去吃火锅？（见表 7-4）②第一次请不太熟悉的人吃饭，你会带他去哪里（见表 7-5）？这两个问题针对火锅消费的社交属性，和消费者在弱关系情况下的饮食场景选择这两方面，最终得到了 119 个有效样本。尽管问卷设置不复杂，但是简单的两个问题已经足够证明观点。

结果显示，没有一位受访对象表示最喜欢和不太熟的人一起吃火锅，火锅店即使作为一个社交场景，其真正的社交属性并不像视频中表现的那样：互不了解的人们在一起吃过火锅后，敞开心扉，消除陌生感，成为朋友。

表 7-4　你最喜欢和谁去吃火锅

选项	小计	百分比
死党/闺蜜	31	26.1%
家人	64	53.8%
男朋友/女朋友	16	13.5%
同事/同学	8	6.7%
不太熟的朋友	0	0%
领导	0	0%
客户	0	0%
其他	0	0%

那么，针对不太熟悉的朋友，人们更喜欢在哪里吃饭呢？结果仅有5%的受众选择了火锅店。

表 7-5　第一次请不太熟悉的人吃饭，你会带他去哪里

选项	小计	百分比%
中式餐厅	43	36.1
西餐厅	42	35.3
快餐店	3	2.5
自助餐	5	4.2
火锅店	6	5
烧烤店	2	1.7
面馆	5	4.2
咖啡馆/甜品店	10	8.4
其他	3	2.5

吃火锅本身确实有很强的社交属性，几乎没有一个人独自去吃火锅的，问题是跟谁去。显然是关系亲近的人，至少是比较熟悉的人。火锅消费多的是随意、热乎、放松，少的是严肃、拘谨、距离，这也是第一次请不太熟悉的人吃饭大家愿意去中式餐厅或西餐厅而非火锅店的原因。

一个人是吃饭，两个人就是社交。主打社交属性没错，问题是吃火锅主打与陌生人社交，那就有些离谱了。

三、结论

从 2016、2017 年的“寻味之旅”系列广告，到现在的《我们很快就熟了》广告，广告的主题策略始终存在些问题。不管是寻味，还是社交，都没能有效到位地诠释“一锅汤，一盘肉”，没有较好地实现品牌关联，实在遗憾。

我们的建议是：小肥羊，别再让不热爱火锅的人给你做广告了。一个懂火锅、热爱火锅的广告人，怎么会让一则没有食欲的火锅广告出街呢？怎么会说不清极有市场支撑点的“一锅汤，一盘肉”呢？

（案例撰写：高溢钒）

常见的四种软文类型

前文所述的平面广告、影视广告，属于硬广告，而软文则属于软广告。随着“硬广没落，软广崛起”，软文正迎来属于自己的春天。

软文作为软广告的一种[1]，一直都存在，只不过在纸媒时代，价格不菲，还时常因为与新闻长得像而引起争议，但在互联网时代，软文开始受到超乎想象的青睐。

软文有意避开了硬广告闯入式的强制与重复，通过迂回、隐蔽的方式传达广告信息，追求“随风潜入夜、润物细无声”的隐性传播效果。

软文作为纯文字广告，以“软”见长，以“文”为主，通过彰显魅力“吸”受众，而不像硬广告那样主动出击“逮”受众。

好的软文经常穿着各种精美的外衣，把自己打扮成受众喜欢的类型，极大地提升了受众的观看和阅读兴趣。

从性质和题材看，软文可以分为新闻型软文、故事型软文、知识型软文、话题型软文等。

一、新闻型软文

所谓新闻型软文，主要指此类软文从形式上看非常像新闻，完全按照新闻的价值要素、行文风格进行包装。

“蹭热点”是新闻型软文的惯用手法，时效性强、存续时间短是其主

[1] 软广告是与硬广告对应的广告概念，又叫作隐性广告，它在印刷时代主要表现为新闻型软文、知识型软文等，而在电视时代主要表现为以电视节目、电视剧、电影等为载体的植入广告，在互联网时代主要体现为广告信息与媒介环境、内容信息紧密融合的原生广告、信息流广告、软文广告等。

要特点。但无论如何，真实可信是其成功传播的关键。

2013年年底，一篇题为《8000元/斤的天价茶叶被老婆煮了茶叶蛋，丈夫崩溃》的文章被广泛转载，但是在新闻的结尾却暴露了其"真实面目"：

记者顺便了解了一下"牛肉"是什么，老郑说，"牛肉"是老茶客对武夷山牛栏坑肉桂的爱称。该款茶叶因产量稀少、香气浓郁、滋味醇厚而在近来受到市场热捧，正宗货常要8000元/斤起，是爱茶人的奢侈品。

二、故事型软文

所谓故事型软文，主要通过一个真实或虚构的故事，达到宣传目的。整个内容通常具备故事的所有要素，如人物、时间、地点、事件经过、细节等。

毫无疑问，可读性和艺术真实是故事型软文成功传播的关键，当然"三观正确"也很重要。

2017年4月，天才小熊猫为"闲鱼"App做的推广就是典型的故事型软文。天才小熊猫以第一人称对故事文本进行制作，描述自己在"闲鱼"上售卖二手物品的经历：一位"闲鱼"买家居然愿意买他中间有洞的沙发、丑陋的人体模特和私人物品。故事情节环环相扣，真实幽默，令人捧腹大笑，同时又让人对"闲鱼"印象深刻。

2016年8月，文章《我没有喜欢什么类型，我只喜欢你》，也属于故事型软文。该文讲述了一对历经曲折误会，机缘巧合又有情人终成眷属的爱情故事。故事最后写道："爱就是有再多的选择，我也只要你一个。一枚DR钻戒，就是一辈子。"读者在被爱情故事打动的同时，肯定也记住了"男士一生只能定制一枚"的DR钻戒。

三、知识型软文

所谓知识型软文，主要向特定群体介绍一些其感兴趣的生活或工作上的方法、窍门、常识、技能等，或者历史、政治、经济、文化、美食、旅游、明星、影视剧、音乐、美容、游戏等领域的知识。

2016 年 9 月 8 日“天才小熊猫版苹果发布会”的微博就属于知识型软文。该“发布会”的内容表面上看是“吐槽”苹果最新发布的手机，语言幽默，虽是“吐槽”，但不批评，“顺便”将苹果最新发布的手机的特性进行了细节化描述，如防水、拍照、无线耳机等。

四、话题型软文

所谓话题型软文，主要是指围绕特定人群关心的话题甚至奇闻异事，展开论述甚至调侃、“吐槽”的文章，可以夹叙夹议，也可以举例论证。

这里的话题可以是舆论热点、新闻事件、社会现象，也可以是职场、教育、移民、留学等问题，但关注度和话题质量是其能否成功传播的关键。

如 2016 年 4 月份的一篇微信公众号文章《我能想到最性感的画面，就是你跪键盘的样子》。

该文章由“男人并不是真的怕老婆，毕竟再彪悍的老婆也很难打得过老公啊，男人怕老婆只是怕她生气、怕她伤心、怕她难过，男人怕老婆是爱老婆的表现”，转折到爱老婆的男人怎么会让自己的老婆忍受烟熏呢，由此引出某品牌抽油烟机，结尾有点儿“神转折”的味道。

当然，以上不同类型的软文有时候边界也没那么清晰，如具有新闻性的新技术介绍(新闻型软文+知识型软文)，具有新闻性的热点话题讨论(新闻型软文+话题型软文)，或具有故事性的新技术介绍（故事型软文+知识型软文)，或围绕某个专业领域开展的话题讨论（知识型软文+话题型软文）等。

不论何种类型的软文，都需要有一个精彩、恰当、吸引人的标题，都需要有让人读得下去的优质内容。

广告信息与软文内容的两种融合方式

不论什么类型的软文，都会遇到一个技术性很强的问题：如何巧传广告信息。

就目前的操作方法看，广告信息与软文内容的融合方式主要有两种：一种在文中“润物细无声”，即文中有机融入模式；另一种在结尾“神转折”，即文尾巧妙植入模式。

一、文中有机融入

行文中间实现有机融入，是最常见的软文广告信息融合方式，其最大特点就是广告信息的无缝嵌入，达到“润物细无声”的传播效果。

这种融合方式的优势在于，广告信息是顺应内容需要而自然出现的，甚至是推动故事发展的关键因素，广告信息与软文内容浑然一体，不会让人觉得突兀。此类软文文本大多是量身定制、专门创作的。

如《天才小熊猫：2016 年总结》这条微博，以国际著名影星莱昂纳多为视角展开，进行文本创作。

开头，以莱昂纳多获得第 88 届奥斯卡最佳男主角为亮点，吸引受众阅读。一方面因为莱昂纳多本身的知名度高和影响力大，另一方面在 2016 年他等了 20 年成为影帝的事件本身就是当年的热点新闻。

在文本叙述过程中，却出现了一幅莱昂纳多与比亚迪老总的合照，而且还顺便阐述了比亚迪和莱昂纳多提倡环保的理念。由于莱昂纳多是比亚迪的形象代言人，这种广告信息的植入方式并不会让受众感到牵强突兀。

然而，这种融合方式的弊端也非常明显。作者常常为了可读性而牺牲商业性，大众容易把注意力放在文本本身而忽略了广告信息，甚至有时候完全没有注意到广告。

因此，既不破坏文本质量，又能有效传递商业信息，是最考验这种融合方式的地方。

二、文尾巧妙植入

在软文结尾巧妙植入广告信息的模式，是相对比较少见的软文广告信息融合方式。这类软文多以“脑洞大开”的方式，以“意料之外、情理之中”的逻辑，水到渠成地把故事“神转折”到产品或品牌上。

这种融合方式的优势是可以确保文章内容的独立性，创作者可以为了可读性“肆意发挥”，只要在结尾巧妙植入广告信息就行了，而且还能让人觉得毫无违和感。此类软文文本有“量身定制”版的，也有“投机借用”版的。

最具里程碑意义的案例就是2014年前后蓝翔挖掘机的软文宣传了，该品牌的软文广告几乎全部采用“段子”[1]，总是在结尾处来个“神转折”，在此不妨试举一例。

有一对情侣，男的非常懦弱，做什么事情之前都让女友先试。

女友对此十分不满。一次，两人出海，返航时，飓风将小艇摧毁，幸亏女友抓住了一块木板才保住了两人的性命。

女友问男友：“你怕吗？”

男友从怀中掏出一把水果刀，说：“怕，但有鲨鱼来，我就用这个对付它。”

[1] “段子”本是相声中的一个艺术术语，是指相声作品中的一节或一段艺术内容，随着人们对“段子”一词的频繁使用，其内涵也悄悄地发生了变化，不断融入一些独特的内涵，于是就出现了许多所谓的“冷段子/内涵段子/灰段子”（灰色幽默/富于内涵哲理的短文或小故事）、“红段子”（具有正能量的励志短句、哲理箴言、管理格言、警句良言）等。由于“段子”常常短小精悍、富于内涵哲理或充满幽默智慧，广受欢迎，就被应用到营销传播领域。一些“段子手”们开始用“段子”包装广告信息，进行商业化的“段子”传播。这些“段子”或长或短，不拘一格，但必须有看头。

女友只是摇头苦笑。

不久，一艘货轮发现了他们，正当他们欣喜若狂时，一群鲨鱼出现了，女友大叫：“我们一起用力游，会没事的！”

男友却突然用力将女友推进海里，抓着木板朝货轮游去，并喊道：“这次我先试！”

女友惊呆了，望着男友的背影，感到非常绝望。鲨鱼正在靠近，可它对女友不感兴趣而径直向男友游去。

男友被鲨鱼凶猛地撕咬着，他发疯似地向女友喊道：“我爱你！”

女友获救了。甲板上的人都在默哀，船长坐到女友身边说：“小姐，他是我见过最勇敢的人。我们为他祈祷！”

“不，他是个胆小鬼。”女友冷冷地说。

“您怎么这样说呢？刚才我一直用望远镜观察你们，我清楚地看到他把你推开后用刀子割破了自己的手腕。鲨鱼对血腥味很敏感，如果他不这样做来争取时间，恐怕你永远不会出现在这艘船上。”

“什么？”女友听到真相如同晴天霹雳，她悲痛欲绝，伤心无比，只想立刻跳进海里和男友死在一起。

关键时刻船长拉住了她：“如果我是你，一定会好好的活下去，并用挖掘机把这片大海填平，为你的男朋友报仇血恨。”

女友沉默数秒，冷静地问：“挖掘机技术哪家强？”

船长：“中国山东找蓝翔。”

有意思的是，“挖掘机技术哪家强，中国山东找蓝翔”是2014年蓝翔技校在其广告中首次打出的，而这个版本的爱情故事最早是2008年出现在网络上的，原文的结尾是“女孩沉默了……随后是撕心裂肺的痛哭!”

很显然，这个软文是被蓝翔的“段子手”们“投机借用”过来的，结尾处进行了“神转折”。

结尾“神转折”的融合方式的弊端就是，容易让人觉得广告信息出现得比较牵强，而且由于文章的主体内容常常与广告主题无直接关联，从而影响读者对广告信息的了解和记忆。

不论哪种融合方式，成功的软文一定能够创建和传递价值，能够收获注意力并建立积极关系。好的软文广告应该坚持几个创作原则。

一是以用户为中心，让软文成为“有情、有趣、有用、有品、有料、有温度”的“六有”好文，给读者带来价值和收获。没有好的内容，一切都是空谈。

二是连接好产品与用户，在“个性化、关联性”上下足功夫。好的软文一方面要吸引读者注意，挑起读者的阅读兴趣，另一方面也要自然地诠释广告主题，尤其是推广产品的软文，要不着痕迹地诠释产品卖点或消费者的利益点。

三是要有长远的战略规划和具体的商业目标，坚持效果导向，要有ROI意识，注意持续完善效果评估与优化规范。

四是，软文作为广告，必须注意调性对品牌形象的影响。一篇软文的故事情节、人物形象，以及文章背后的“三观”[1]等，都会成为读者的记忆点，并最终转化为投射在品牌身上的品牌联想单元，这些联想单元最终构成了消费者对该品牌的印象，稍不注意，就会给品牌带来负面影响。

如《昨天在北京坐专车的恐怖经历》一文，过于虚构夸大，有失艺术真实，同时整个故事的调性氛围（犯罪故事）和广告信息的融合点（做鸡与做机、日本武士刀等），都存在问题，对品牌形象的塑造来说，很可能是有害的。

---

[1] 这里的“三观”除了世界观、人生观、价值观，其含义更广，泛指当今社会所倡导的或大众公认的一切主流价值观念。

相对来说，“闲鱼”的那篇软文，虽然内容“脑洞大开”，但考虑到“闲鱼”的目标消费人群，反而与品牌调性和品牌形象非常契合。

所以，软文的故事情节与人物形象设置，其背后透露的“三观”和文章格调等，都是创作软文时必须加以策略性关照的关键点。

美国广告界权威人物詹姆斯·韦伯·扬曾说过：“真正的广告创作，眼光应放在人性方面，从商品、消费者，以及人性的组合上去发展思路。”

受欢迎的软文永远围绕人和人的生活、情感和命运，站在用户需求的角度进行创作。只有如此，软文才会具有可读性和分享价值，为产品/品牌和社会创造价值。

典型个案：《千万不要用猫设置手机解锁密码》是在给谁做广告

2014年9月，一篇题为《千万不要用猫设置手机解锁密码》的软文，获得了20多万次转发，3万条评论，6万次点赞。

这篇软文由于“几乎包含了软文文本制作的所有特性”，常被作为典型案例拿来分析。本书也试着从广告角度，进行一次相对严肃的作品评析，以重新评估其真实功效。

一、广告内容

在阅读分析正文之前，建议大家先用手机完整地阅读一遍这篇软文广告。

这篇软文一共99行，以第一人称讲述了发生在作者身上的一件“糗事”。行文非常“随意”（如段落的划分、标点符号的运用等），但无疑给人以真实亲切感，尤其一些看似搞笑的照片，更是“有图有真相”。可以看出作者在非常用心地创作这个文本。

二、广告背景

网络资料显示，“天才小熊猫”指的是“段子手”张建伟。“天才小熊猫”是一个成名比较早的博主，其行文常常以“脑洞”奇大无比为特色，而且喜欢“图文并茂”的表达风格。

该软文实际上是配合华为Mate7的上市（2014年9月4日正式发布）而写的推广文章。

根据华为的官方介绍，Mate7是Mate系列[1]第三代产品，配备了6英寸1080p屏幕，超窄边框设计，采用全金属机身和指纹解锁与支付功能，机身更薄，仅为7.9毫米，采用华为自家的超8核海思麒麟925处理器，4100mAh容量的电池。

该机型的最大亮点之一就是首次在手机中引入了按压式指纹解锁（不同于刮擦式指纹解锁）功能。据称，该解锁功能非常灵敏，能够实现360度指纹解锁，最多支持5个指纹信息的录入，支持应用锁/华为网盘/文件保密柜/支付功能，而且任何第三方应用都无法访问该指纹传感器，非常安全。指纹传感器设计在机身背部，手机黑屏解锁时只需轻轻触碰，就可进入桌面。

正因如此，该篇软文把关注重点放在了手机的解锁功能上。

三、广告效果

就该篇软文本身的传播效果而言，数据非常亮眼。“天才小熊猫”本人就是知名博主，具有一定的名人效应，当时其微博粉丝接近700万人，加上背后的商业推广，该软文获得了近20多万次转发，3万多条评论，6万多次点赞。

就受众印象而言，至少对发生在作者身上的这件“糗事”印象深刻，甚至还会被作者的“逗比行为”逗笑，觉得作者确实“脑洞”比较大，尤其是一些“猫奴”们，更会因此引发各种共鸣。

[1] 华为 Mate 系列手机主打商务旗舰的概念，定位高端，目标受众多为高端商务人士，主要针对30岁以上人群。

但回归到该软文的真正使命上，不禁要问：网民们阅读完这篇软文，是否意识到这是在给华为的新手机 Mate7 做宣传？

笔者认为，这篇软文具有非常高的可读性，故事好玩有趣，亲切自然真实，而且广告信息融入自然巧妙，没有破坏读者的阅读体验，很好地创建并传递了价值。但是从广告效果上看，或许很多人都记住了该款手机的解锁功能，但未必能记住或知道具体是哪个型号。

四、原因分析与改进建议

阅读了内容而忽略了广告信息，这是软文尤其是采用“文中有机融入模式”的软文容易出现的问题。在这篇软文中，也多少存在这样的问题。

相对来讲，该作者为“闲鱼”写的那篇软文，较好地回避了上述问题。究其原因，主要是因为为“闲鱼”写的那篇文章，直接出现了产品名称，而且“闲鱼”在故事发展中起到了关键的推动作用，不像华为 Mate7 这篇软文只是以图片的方式展示产品。

虽然在这篇软文中，手机的解锁功能也是推动故事发展的关键因素，但由于没有充分曝光品牌名称和手机型号，容易导致读者把注意力都放在了有趣的故事情节上。

若为华为 Mate7 做宣传的这篇软文能在合适的地方适当增加品牌和产品型号的曝光次数，如 2～3 次，想必广告效果会更好。

当然，在广告运营方转发该文时，若能够进行适当的阅读提示，直接在导读部分进行提示，或者在评论区让人特意从文本中找广告等，就可以较好地弥补上述缺陷。

第八章
GRR 广告评析法综合应用示例

本章主要就目标—效果—成因评析法，介绍一些综合应用示例。这些案例首先在框架上遵循了目标—效果—成因评析法的行文逻辑，而后在专业认知上试着切中要害。这些案例均由我的学生根据训练所学写成，由于受限于他们的综合专业素养和实践经验，不到之处、谬误之处在所难免，敬请广大读者批评指正。

这些案例分析，大体上遵循如下逻辑：

第一部分，广告背景与传播目标推定。其中背景分析的目的，是为了合理推断广告传播目标。其中，广告背景部分主要涉及市场竞争环境、企业发展背景、广告内容、市场定位与目标人群等，每个案例各有侧重，不会照搬一个模式。

第二部分，效果判断与成因分析。为了确保逻辑的严密性，所以将二者合并在一起分析。其中，效果判断主要涉及两大部分：认知与记忆点，态度与行动意愿。在具体分析时，会根据案例所反映的主要问题，有侧重地进行评析。

第三部分，总结。一般就广告目标的达成情况进行总结，并就其策略成因进行简单概括，顺便提一些对策建议，以提高个案研究的实用性。

案例 1：出色的广告，品牌的毒药

——拼多多电视广告作品评析

对于一个优秀的产品，成功的广告可以让更多人知晓、接受和使用它，可以惠及四方。但是，若产品跟不上，广告越成功则越危险。但愿时下火爆的拼多多，不要被出色的广告给害了。

一、广告背景与传播目标

（一）关于拼多多

拼多多成立于 2015 年 9 月，隶属于上海寻梦信息技术有限公司，是一家专注于 C2B 拼团的第三方移动社交电商平台。

该平台将娱乐与分享的理念融入电商运营：用户发起邀请，在与朋友、家人、邻居等拼单成功后，就能以更低价格买到优质商品；同时，拼多多通过拼单了解消费者，运用机器算法进行精准推荐和匹配。其中，通过沟通分享形成的社交理念，是拼多多最具特色的新电商理念。

拼多多的社交电商模式决定了：用户和订单大量且迅速地涌入，而大笔的订单使拼多多可以直接与供货厂商（或国外厂商的国内总代理）低成本合作，省掉诸多中间环节，实现 C2B 模式，价格优势由此体现。

（二）拼多多的核心消费人群

拼多多的用户以三、四线城市 25～35 岁的女性为主。这类人群主要有以下几个特点：

一是拥有较自由且更多的闲暇与社交时间。相较于一、二线城市的快节奏，三、四线城市用户拥有更多可自由支配的消费时间。从各线城市消费意愿趋势看，截至 2016 年年底，三、四线城市的意愿消费水平在平稳增长，甚至超过二线城市的消费意愿水平。

二是“80 后”“90 后”成消费主力。“70 后”的消费贡献度逐步下降，“80 后”“90 后”的消费贡献度则持续上升。在移动互联时代，“80 后”“90 后”在电商平台上的消费支出比较多，在多方面都成为当今的消费主流。

（三）拼多多的电视广告

拼多多为了快速扩大市场份额，自 2016 年以来，投放了大量电视广告。2016 年 9 月，拼多多邀请《好想你》的原唱朱主爱，演唱拼多多主题曲。改编后的主题曲旋律抓耳，非常吸引人，让人印象深刻。

自此以后，拼多多广告的内容基本保持不变，只是新版的用户数量在变化。从第一则广告的“拼多多，8000 万人都在‘拼’的购物 App”，演变为“拼多多，1 亿人都在用的购物 App”，到现在为我们所熟知的“拼多多，3 亿人都在用的购物 App”。

（四）拼多多广告的传播目标

很显然，拼多多仍处于快速成长期，目前还谈不上成熟。就拼多多电视广告而言，其传播目的大致可以归纳为以下几个方面：

（1）保持必要的品牌声量，持续提升品牌知名度和影响力。

（2）持续突出和强化服务特色，吸引更多潜在消费者试用。

（3）快速扩大市场占有率，提高市场准入门槛。

（4）通过电视媒体尤其是央视，提升品牌可信度。

二、效果判断与成因分析

为了更好地支持我们的判断，研究小组发放并收回了 106 份有效问卷。被调查者中，大学生群体和三、四线城市人群差不多各占一半。虽然所得数据不具有充分的科学性，但多少能说明一些问题。

（一）认知与记忆：都知道它东西便宜，也有很多人认为假货多

调查结果显示，观看过拼多多广告的人群占将近 90%。这说明拼多多广告的达到率还是很高的，知晓度也不低。也许，很多人把接触过拼多多当成了接触过拼多多广告，但无论如何，其知名度还是很高的。

拼多多广告能有如此高的知名度，首先与其发布策略密不可分。在投放上，拼多多将广告大量投放在央视、湖南卫视、浙江卫视、东方卫视等频道，并且将广告植入综艺节目。

就品牌形象而言，调查发现大家对拼多多的第一印象，占比最高的是“省钱”，接近 40%。这说明拼多多专注于“省钱”这一卖点的传播还是很成功的。这一核心卖点也获得了消费者的认可，至少是知晓。

然而，印象占比第二的却是“假货多”，超过了 30%，紧接着就是“砍价麻烦”，占比接近 20%。这两点恐怕也是拼多多商业模式存在的问题，值得关注。这同时也说明，在大规模的广告投放后，大众对拼多多的一些消极印象并没有显著改变。

（二）态度效果：虽然觉得“洗脑”但是依然喜欢

观看过拼多多广告的人们对于它的态度到底如何呢？对此，我们专门进行了“满意度”调研，结果显示，整体上，受访对象较为集中地选择了“一般”和“满意”两个选项（见表 8-1），由此可以看出受众对于拼多多广告的表现基本上是认可和接受的。

从观众的观赏体验看，广告信息太多，广告节奏快，再加上广告内容的吸引力没有特别强，多少导致了受众对其“广告场景变化多端”和

“广告内容有吸引力”的满意度较低。但“通俗易懂的内容”“魔性洗脑的广告歌曲”“简洁明了的广告语言”，最终还是让拼多多成功赢得了观众认可。

表 8-1 拼多多广告满意度调查结果

题目\选项	非常不满意	不满意	一般	满意	非常满意	平均分
广告场景变化多端	5(4.72%)	11(10.38%)	62(58.49%)	22(20.75%)	6(5.66%)	3.12
广告歌曲“魔性洗脑”	4(3.77%)	10(9.43%)	40(37.74%)	34(32.08%)	18(16.98%)	3.49
广告内容通俗易懂	3(2.83%)	10(9.43%)	36(33.96%)	42(39.62%)	15(14.15%)	3.53
广告语简洁明了	3(2.83%)	9(8.49%)	39(36.79%)	42(39.62%)	13(12.26%)	3.5
广告内容有吸引力	5(4.72%)	17(16.04%)	45(42.45%)	30(28.3%)	9(8.49%)	3.2

（三）行动意愿：反正很多人在使用

看过拼多多广告后有多少人会下载使用这款 App 呢？

2018 年 3 月，根据应用监测平台 App Intelligence 最新发布的数据，在 App Store 中国区的免费下载榜中，拼多多的单日下载量曾经连续 9 天超越淘宝。2018 年 8 月，在年度活跃用户数据上，年轻的拼多多显然更有爆发力，第一季度末和第二季度末，拼多多年度活跃用户分别为 2.95 亿和 3.44 亿，同比增长 335.6%和 244.6%。

三年时间，从 8000 万到 1 亿再到 3 亿用户，这些数字的变化，从侧面证明了拼多多大量投放广告的实际效果是非常出色的。虽然拼多多下载量的快速增加不完全是广告的效果，如有一部分人是因为要给周围的亲朋好友进行砍价才下载了这款 App，但这个版本的电视广告能被长期投放，已经说明该广告的效果得到了市场认可。

三、成功的广告会成为品牌的毒药吗

虽说拼多多广告比较“魔性洗脑”，但这种广告并没有引起反感。就这则广告的最终市场表现而言，可以说是非常出色的。

不管是为了维持必要的品牌声量，持续提升产品知名度和影响力，还是为了持续突出和强化产品特色，吸引更多潜在消费者试用，快速扩大市场占有率，提高市场准入门槛，这些目标都成功实现了。

然而，有一些改善并不明显，那就是大家对拼多多平台上的产品质量的负面认知，依然有很多人觉得上面假货多或者产品质量不好。

消费者的这一认知，与之前有关拼多多质量与售后方面的负面舆论有关，由于其广告并没有正面回应这个问题，受众对其质量上的负面印象并无明显改观。这也说明，质量问题确实是拼多多短期内难以解决的问题。

就拼多多的使用体验来讲，除了质量和售后可能会带来较高的心理成本外，砍价环节无疑也增加了消费者的购物成本（时间成本），这一点也是调研中消费者感受比较深的地方。

长远来看，若拼多多不能有效降低消费者的心理成本和时间成本，这两项成本将会快速抵消其低价优势（金钱成本）。一旦消费者的使用体验无法得到持续改善，就很容易在尝鲜之后将其抛弃。尤其在以消费升级为大背景的今天，消费者背离的趋势一旦出现，将是灾难性的。

我们建议拼多多持续快速提高产品质量，增加售后服务保障，同时简化拼团模式，降低消费者的心理成本和时间成本。

就今后的广告而言，拼多多可以考虑正面回应质量问题，争取改善消费者在质量上的品牌印象，并对质量问题进行必要而巧妙的预期管理。

广告界有这样一句话：“质量跟不上，广告越成功产品死得越快。”对此，拼多多不可不警惕。

（案例撰写：李祎 高鑫 张雨萌）

案例 2：“这波洗脑广告我给 100 分，不怕你骄傲”

——BOSS 直聘“世界杯”电视广告作品评析

2018 年世界杯比赛期间，BOSS 直聘成为网友热议的话题。那么，是什么让这款招聘软件在世界杯期间如此火爆？我们在它投放在央视的电视广告里找到了答案。

一、广告背景与传播目标

（一）市场背景

国内创业热潮风起云涌，网络普及率进一步提高，网络求职者规模扩大。一句话总结，我国未来互联网招聘领域前景广阔。

招聘行业的竞争也非常激烈。智联招聘、前程无忧，占领中低层员工招聘市场；猎聘网、大街网，占领中高端职位市场；BOSS 直聘起步稍晚，为体现差异性，定位为“无中介，求职直接跟老板谈”。

在中国 2017 年上半年的网络招聘市场中，前程无忧和智联招聘仍然领跑行业，其中，前程无忧营收份额最高，占 31.8%，智联招聘紧随其后，占 30.7%。

不过，中国人才市场的格局正在悄然变化。由于劳动人口规模下降，劳动力供给将呈现长期下降趋势，而我国总体经济稳定发展，产业结构调整，第三产业占比上升，企业对于劳动力的需求仍持续增长。在此情况下，人才供求将出现长期的高效合理匹配的需求。

BOSS 直聘，正是看中了这个机会，快速切入。

（二）产品背景

BOSS 直聘诞生于 2014 年 7 月，是一个让求职者和 BOSS 以直接线上聊天的方式找工作的互联网垂直招聘平台。用户可在 App 上通过聊天，与企业高管甚至老板，进行一对一高效沟通，更快速地获得工作机会。

BOSS 直聘的目标用户主要集中在 20～29 岁和 30～39 岁这两个年龄段，整体以青年人为主。就性别比例看，在网络求职者中，男性比例超过 50%。就城市分布看，主要集中在一、二线城市。

2018 年 9 月底，BOSS 直聘在官网发布了一条自己的招聘信息，月薪 12 万～15 万元招聘 CFO，这条招聘信息的岗位职责上写道："IPO 的准备和执行"，疑似要赴美上市。

（三）广告内容

世界杯期间的电视广告内容极为简单：一群求职者模仿球迷在赛场上加油助威的样子，脸上涂着油彩，举着旗帜和条幅，还有人拿着喇叭敲着鼓，打了鸡血般狂热地大喊着："找工作，直接跟老板谈！升职！加薪！找工作，上 BOSS 直聘！"

（四）传播目标推定

通过以上分析，我们可以大致了解 2018 年世界杯比赛期间 BOSS 直聘的广告传播目的。很显然，这是一则产品广告，在为快速发展中的互联网垂直招聘求职 App 软件做推广。

就这则广告的具体传播目标而言，大致可以归纳为以下几个方面：

（1）作为一个 2014 年才出生的年轻品牌，BOSS 直聘希望借势世界杯，做个"争议事件"抢流量，以此快速扩大知名度和占有率。

（2）提高产品认知度，占领用户心智，让消费者知道 BOSS 直聘的最大特点是"无中介，求职直接跟老板谈"。

（3）BOSS 直聘希望通过电视广告强化品牌形象，提升品牌可信度。

（4）为上市造势。

二、效果判断与成因分析

为了支持我们的广告效果判断，有针对性地做了小范围的调研问卷，发送给正在工作的亲友及其同事和朋友，最终收回有效问卷 101 份。

（一）网络争议大，但产品理解度高

在接受媒体采访时，该广告的制作方表示：“一个好广告的重要衡量标准就是看这个广告是否被人谈论了。”说得更直白些，就是看这个广告是否引发了关注。

很显然，BOSS 直聘的广告做到了。在广告播出后，BOSS 直聘的搜索量迎来爆炸式增长，在微博、知乎等论坛上更是一石激起千层浪，和知乎、马蜂窝的广告被网友评为“2018 世界杯洗脑广告三巨头”。

在核心诉求点理解方面，BOSS 直聘的广告算是传达较为清晰到位的。在我们的调查中，问到受访对象“对广告中的哪句话印象最深”时，有将近半数的受访对象选择了“找工作直接跟老板谈”这一核心诉求点，剩余还有近 1/3 的受访对象选择了“升职加薪”（见图 8-1）。

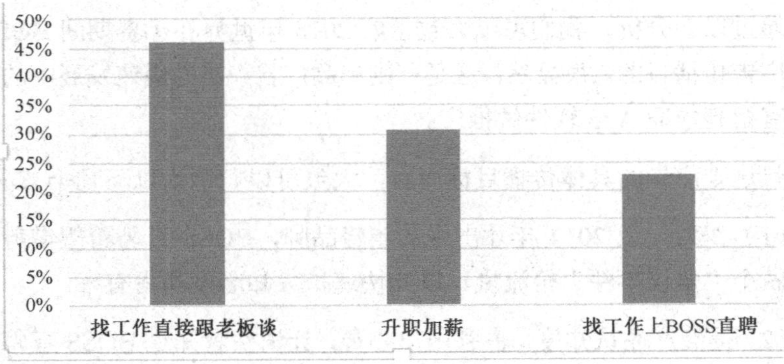

图 8-1 受众印象最深刻的广告词

（二）文案精练，观众印象深刻

广告是商业行为，不是艺术行为。评析一个广告很重要的一点是：是否被消费者记住。

调查显示，在有效样本中，将近九成的人对广告有印象，其中，表示对广告印象深刻和极其深刻的人几乎达到一半。

在对观众的记忆程度打分中，“台词”是受众记忆最深的，也是给受众震撼最大的（见图 8-2）。

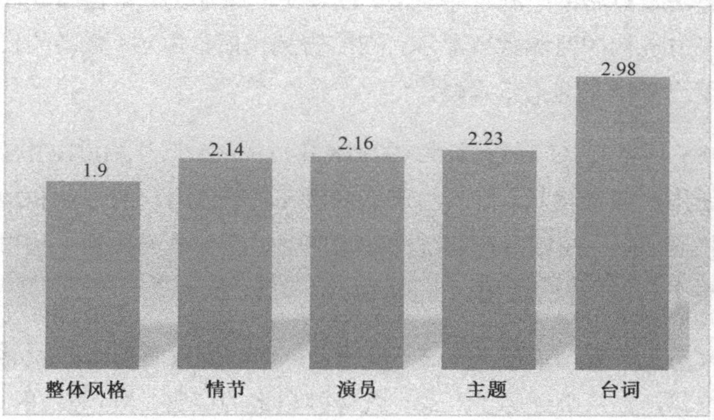

图 8-2　观众对该广告记忆程度的评分

也就是说，“找工作直接跟老板谈”“找工作上 BOSS 直聘”“升职加薪”这三句话给观众留下了深刻印象。从广告记忆效果可以看出，简短易记、突出特点、号召力强、击中痛点是成功的关键。

这些文案很好地把 BOSS 直聘与其他求职软件区别开来，看过广告的人都会明白：在 BOSS 直聘上“求职者可以突破层层障碍直接和老板谈”。

反复用“升职，加薪”这样简单直白的字眼，无疑可以轻松击中目标人群的痛点，大声说出了上班族的心声。

有人说这则广告的文案太过简单粗暴，可这背后难道不是对消费者的深刻洞察吗？就像“吃完喝完嚼益达”，一句话，就让诉求点一清二楚。

（三）广告态度不等于品牌态度，BOSS 直聘的广告转化率并不低

固然很多人嘴上说着不喜欢，但在抽取的 101 个有效样本中，却仍有高达 45%的受访对象表示会尝试使用该 App，而有明确抵触情绪的人只占受访人群的 15%。可见，目标消费者对广告的态度并没有影响消费者对产品的使用意愿。

从 BOSS 直聘的下载使用量看，或许更有说服力。来自易观和七麦等多家第三方机构的监测数据显示，在广告播出后，BOSS 直聘的日活跃量和新增用户量排名迎来新高峰。

BOSS 直聘 CEO 赵鹏表示：“2018 年 6 月 15 日开始，BOSS 直聘的单日注册用户成倍增长，日活用户连创新高；平台用户的行业和地区出现了极大拓展，在一线城市行业延伸非常明显，后台单天接到了来自 7 个行业 130 余个新增岗位类型的上报申请。”

由此可见，观众虽然“反感”广告，但未必都反感或未必反感到影响其消费决策，更未必迁怒于产品，就像脑白金的广告，“吐槽”的人不少，但是买脑白金的人也不少。

（四）广告上“挖坑”，网络上“补坑”，BOSS 直聘公关“套路深”

在我们看来，BOSS 直聘此次传播策略，无论是目的还是步骤，都非常明确：先借助世界杯，做个“争议广告”，提升了知名度；之后再通过一系列的线上传播“洗白”，重塑在消费者心目中的形象，提升美誉度。毕竟，没有美誉度的知名度是难以持久有益的。

尽管 BOSS 直聘的电视广告有点儿“重口味”，但在网络上，BOSS 直聘却非常“懂事”，诚恳地为广告的做法道歉，温暖送不停，还有系列励志“鸡汤片”不断推出，“刷了一大波好感度”。

三、总结

在新媒体语境下，品位不是评析广告的唯一标准，被“吐槽”也不代表广告无效。一个成功的广告，是需要给客户带来实际效益的，是需要满足客户现阶段发展需求的。

在我们看来，BOSS 直聘此次广告是非常成功的。不仅在世界杯期间赢得了足够的曝光量，其 App 下载量也呈现爆炸式增长。在不是招聘旺季的 6 月，这样的成绩是极为可观的。

就这场广告战役，我们给 BOSS 直聘打 100 分，不怕他骄傲。

（案例撰写：陈冲）

案例 3：不走心的广告难以引发共鸣

——伊利牛奶“世界杯”电视广告作品评析

一个品牌做广告，无非是为了将品牌信息传达给消费者，在消费者心中占据有利位置，最终达到销售产品的目的。要想实现这些目标，广告就必须“走心”。然而，在这里我们却看到了一则花费高昂却不太“走心”的广告。

一、广告背景与传播目标

（一）广告背景

伊利是一个成熟品牌，在牛奶行业有着举足轻重的地位，作为行业龙头企业，拥有庞大的稳定消费人群。然而，在 2018 年作为伊利的头号竞争者、同为奶制品龙头企业的蒙牛，却宣布成为2018世界杯官方赞助商。

众所周知，体育盛事向来是营销界的兵家必争之地。更何况伊利一直在体育营销领域有着强势力量，抢下三大优质体育IP，接连成为天津全运会乳制品供应商、西甲皇家马德里的官方营养乳制品和北京2022年冬奥会官方乳制品合作伙伴。

面对全民关注的重大体育活动——“世界杯”，伊利自然不会无动于衷。2018年世界杯期间，伊利请来了皇马球队做代言人。在此之前，2017年5月，皇家马德里俱乐部就与伊利集团联合宣布：伊利牛奶将成为皇马官方营养乳制品供应商，同时双方将面向中国青少年开展“皇马训练营”活动，助力中国足球事业蓬勃发展。

随后，伊利牛奶的电视广告“英雄”篇于2018年6月1日在央视黄金时段集中播出。该广告播放频率为平均一星期4次，广告时长为15秒。

广告中，中国青少年在绿茵场上进行着激烈比赛，皇马队的四位球星在一旁为孩子们观战助威，当一记倒挂金钩的“射门”成功时，全场欢呼，球星与孩子们一起手举牛奶庆祝，随后引出伊利牛奶想传递给消费者的品牌理念：“滋养少年梦，成就世界冠军。”

很显然，该广告的首要目标人群是家有孩子（以3～15岁为主）的年轻家长，他们主要是“70后”和“80后”。次要目标人群应该是青少年群体，以12～18岁为主。

（二）传播目标推定

作为成熟品牌，伊利的首要使命是让大众对其保持持续的认可、支持和重复购买。这决定了伊利品牌广告的第一个目标：维持必要的品牌声量，持续提升品牌知名度和认知度，加深社会公众的品牌印象。

广告作为一种有力的竞争工具，面对头号竞争对手蒙牛的“世界杯”攻势，伊利不可能无所作为，发起势均力敌的对抗营销是必然选择，没有退路。这决定了伊利品牌广告的第二个目标：对抗和抵消竞品的宣传攻势。

作为最早赞助奥运会的牛奶品牌，伊利对体育营销并不陌生，甚至可以说轻车熟路。面对全民关注的“世界杯”，在中国企业热情高涨的形势下，伊利不可能无动于衷。

借势“世界杯”，通过助力中国青少年开展训练，收割球迷注意力，俘获年轻球迷的心，是顺理成章的营销决策。这决定了伊利品牌广告的第三个目标：建立良好公共关系，提高企业美誉度，树立良好的企业形象。

不过，再美好的广告目标，最终还要通过具体的广告内容和广告传播活动去实现。那么，伊利能实现广告目标吗？

二、效果判断与成因分析

为了更好地支持我们的判断，研究小组专门找了 25 位目标受众（主要是家长）进行了简单的访谈。虽然该访谈不具有充分的科学性，但多少能说明一些问题。

（一）热闹的“赛场”，冷淡的“观众”

访谈中我们发现，此次广告的曝光率还是很高的，有过半的家长表示看过伊利的这则广告。这与世界杯的高关注度、央视大平台的覆盖面、高密度的广告投放直接相关。

不过，就本次广告在影响消费者的消费意愿上，结果却不是很理想。在访谈中，大部分人对广告中孩子们的比赛场面和广告风格（氛围、调性、节奏感等）印象深刻。这说明该广告在利用世界杯、烘托竞技的运动氛围上，还是比较成功的。

当我们问家长“是否喜欢这个广告”时，有近七成的人表示“无感”，甚至还有三成的家长直接表示“不喜欢”，而表示喜欢的竟然没有一人。可见该广告至少从可观赏性（创意）上看，没有赢得观众的好感。

当我们问“你看完此广告，是否会购买该产品”时，也没有一位家长选择“会进行购买”，只有一成家长表示“本来就喜欢伊利”。出现这一结果，多少也印证了前面家长观赏广告后的态度。

可见，伊利此次广告在改变受众的品牌态度、提升品牌好感度，以及购买意愿方面，效果不尽如人意。家长的这种态度，从大量的网友留言中也可以得到印证。

之所以出现以上结果，与该广告的代言人使用、场景设置，以及广告文案有着直接关系。

（二）“不给力”的代言，俗套的剧情

访谈中，当我们问道“您认为代言人会影响您购买伊利吗”时，只有不到 1/5 的家长认为“会”，1/3 的家长认为“不会”，超过 1/2 的家长认为“说不好”。这多少说明，皇马球星在该广告的目标人群中的号召力并没有想象中强大。

我们认为，这与目标人群的年龄构成有直接关系。相对来说，“70 后”和“80 后”这个人群，其消费选择往往不容易受代言人影响，比较理性，不像年轻人那样更容易受代言人影响。

此外，本次代言人没有发挥预想的强大号召力，也与代言人的表现策略有关。广告中，伊利只是在皇马中挑选了几个比较有代表性的球星参演广告，没有突出个人，四位球星只是作为教练出现，没有台词的渲染，也没有球星的技术展示，让人感觉只是空把几个代言人搬入广告，没有充分融入剧情，缺乏亲和力，同时四位球星的出现时间也非常短。从家长的反馈来看，竟然只有一位家长对代言人印象深刻

事实上，这种“露脸式”代言人模式已经过时。反观同期蒙牛广告中梅西的表现，这种反差更加明显。

梅西此次代言的蒙牛广告知名度很高，在微博等社交软件中一度登上热搜排行榜，其中一点是梅西躺在草地中的广告场景被配上很多不同的台词，如“我是××，我现在……”等富有乐趣、引人关注的图片在网络上

疯狂流传，即使一些非梅西粉丝的球迷也会因为关注足球而注意到蒙牛此次的广告，甚至一些完全不关心足球的人，完全不知道梅西是谁的消费者，通过网络的传播力量也能了解一二，进而了解蒙牛，这样一来，蒙牛的广告效果便达到了。

就伊利的广告而言，若代言人的使用上没有过多的合约限制，其实完全可以摆脱“少年—球场—对抗赛—射门—成功—庆祝”的创意套路，故事的场景可以是球场室外的任何地方，对抗的背后可以是友情和团队协作，可以是孩子的成长（心理成熟远比身体成长更容易打动家长），可以是教练与孩子们的温暖互动。总之，情节设置，可以更有趣、具有话题性或更有温度。

（三）记不住的广告语，空洞的“广告腔”

家长们除了对代言人印象不深外，对广告语的印象也不深。

“滋养少年梦想，成就世界冠军”，看到这句话，首先会让人觉得很像广告语，工整完美，几乎无可挑剔，而问题恰恰就出在这里。广告语太平顺、太常见了，结果让广告失去了温度，让品牌失去了感召力，当然也就谈不上打动观众了。

从根本上讲，这句广告语背后的逻辑是模糊不清的，虽然看似表达清晰。在孩子与梦想之间，牛奶与体育（强身）之间，体育与冠军（成功）之间，能够贯通它们的到底是什么呢？

“滋养少年梦想，成就世界冠军”背后的逻辑基础是“牛奶—强身健体—体育竞技—成功”，显然是把牛奶作为补钙的营养品来定位了。不管后面的幻象如何美好，底层逻辑依然是建立在产品的物质功效之上的。

然而，当竞争品牌提出“自然力量，天生要强”时，二者的逻辑起点（洞察力）高下立判。此时，伊利需要思考的是：能打动家长的到底是什么样的“少年梦想”？这个梦想应该是激动人心的，一定来自生命自然绽放的光芒，哪怕再微小，也足以让家长们欣喜若狂。

三、总结：广告必须能“调（diào）情”

这是一个人人追求“走心”的时代，本质上追求的是相互尊重和平等对话。今天的广告，即使砸了重金，也未必能够撼动大众。

飓风的时代在退场，阳光的时代已经来临。单向灌输式的硬广告已经很难引发大众的共鸣，走心动情、平等对话、悄然入场的软广告，往往更有生命力。

就本次伊利世界杯期间的电视广告而言，从创意（剧情设置）到表现（人物形象设计）再到文案，几乎还是十几年前的电视广告的创作理念。

这就好比戒烟广告，若 40 年前打出“吸烟有害健康”，肯定会有一定的劝服效果，但在今天若依然这样空泛地宣传“吸烟有害健康”，恐怕就像风过水面，连一点儿痕迹都不会留下。

（案例撰写：张丹　李琼林）

案例 4：缺乏品牌关联的煽情就是“耍流氓”

——唯品会“用惊喜说爱你”系列影视广告作品评析

近年来，以网络视频为载体的煽情广告屡见不鲜，但这些广告容易出现一个普遍的问题，那就是煽情成功、关联失败。很多这类广告忽略了品牌与煽情故事的内在关联，于是就出现了受众记住了广告却不知品牌的尴尬事儿。

在此，我们就介绍这样一则这样的广告，与大家分享。

一、广告背景

唯品会成立于2008年8月，同年12月8日正式上线，2012年3月23日在美国纽约证券交易所上市。

唯品会主营业务是互联网在线销售品牌折扣商品，涵盖名品服饰鞋包、美妆、母婴、居家等各大品类。它的目标消费人群是20～40岁习惯在网上购物、偏好品牌、爱买物美价廉商品的女性。

随着近几年消费的升级，人们对消费品质的需求日渐提高。伴随这一消费升级趋势，电商平台纷纷走上了“品质之路”，在品质的比拼中争抢客户。

2017年6月初，唯品会进行了品牌定位升级，从“一家专门做特卖的网站”升级为“全球精选，正品特卖”。由此可以看出，唯品会在发展正品特卖的基础上，开始更多地关注产品品质。

为了配合品牌定位升级，唯品会需要投放大量的广告进行宣传，以此提升品牌形象和影响力。于是，以“用惊喜说爱你”为主题的系列影视广告顺势推出。

为了获得竞争优势，唯品会在每年的12月8日前后会举行周年庆活动。2017年唯品会以“惊喜”作为这次周年庆活动的主题。

会员在周年庆活动期间，可点击各品牌领取红包。直发品牌满减联促等活动，可谓惊喜不断。以“用惊喜说爱你”为主题的系列影视广告，也开始为本年度的“12·8周年庆大促”活动预热。

主题为“用惊喜说爱你”的系列影视广告讲述了几个生活中与“惊喜”相关的感人故事：

（1）不善言辞的男友在餐厅给女友制造了一次求婚惊喜。

（2）篮球男孩受伤后回到场地，得到了来自队友们“出其不意”的欢迎。

(3) 校园女生之间的小秘密，竟然是一件包装好的蕾丝内衣。

(4) 外表严厉的女上司意外给了刚做新妈妈的员工 30 天假期。

(5) 突然出现的父亲给加班回来又忙于工作的女儿做了爱吃的夜宵。

(6) 在庆祝儿子生日时，爸爸却意外给辛苦的妈妈送上大礼。

这些故事共同演绎了一个主题：有些爱开不了口，却希望你听得到。

二、广告目标推定

根据唯品会的品牌发展状况，以及唯品会年终“12·8 周年庆大促”活动，我们大致可以归纳这则具有“活动+品牌”双重属性的影视广告两方面的传播目的：

(1) 为周年庆活动预热，引发目标人群的关注、期待与参与。

(2) 助推品牌定位升级，提高消费者对唯品会的好感和信任。

三、效果判断与成因分析

（一）爱的惊喜无法关联到“12·8 周年庆大促”的惊喜

这个系列广告是否很好地为“12·8 周年庆大促”活动做了预热？是否让更多人知道了即将到来的“12·8 周年庆大促”活动将有很多“惊喜”？

我们的结论是，没有。

这个系列广告肩负着宣传“12·8 周年庆大促”活动的作用，但在视频中活动宣传标语只出现在最后，观看后受众沉浸在情感当中，没有给受众留下太深刻的印象，因此这则广告不能成为受众参与“12·8 周年庆大促”的诱因。

另外，广告中的各种惊喜无法关联到“12·8 周年庆大促”活动的惊喜，这也导致观众对“12·8 周年庆大促”印象不深，无法激起大家的好奇和强烈关注。

这次活动的主题是惊喜，这则广告也以惊喜作为广告创意的核心概念。但两个惊喜所表达的含义却是不一样的。

广告中所表现出来的惊喜是亲人、朋友之间为表达自己的爱意而制造的意外惊喜，用一份小小的礼物或举动，表达自己的爱和关爱；而活动中的惊喜，则是指唯品会巨大的折扣力度和意外优惠的价格，以及充斥在整个活动中不同环节的意外礼物。

也就是说，一个属于情感上的惊喜，是一次私人关系的突破；一个属于物质的惊喜，类似于在大马路上捡到了钱，买彩票中了奖。

两者，显然有着本质区别。

（二）广告中的“关爱”更像是 999 感冒颗粒的

对于唯品会，这或许是一次严重伤害，因为唯品会花了大价钱，做出来的广告却被当成了别人家的。

在小范围的调查中，我们设计了一个小测试。为第一次看这则广告的人播放了没有品牌信息的影视片段，并询问他们“您认为这则广告是宣传哪个产品的？”其中有很多人觉得是 999 牌感冒灵颗粒的广告。这也正常，毕竟 999 牌感冒灵颗粒一直倡导温暖、关爱的品牌主张，其广告语就是“暖暖的，很贴心”。

而唯品会的形象是什么呢？一直以来，它塑造的是“正品、精选、特卖、服务、品质”的形象。在广告的各大发布平台网友的评论中我们发现，几乎所有评论的关键词却都是感动。同时在我们的访谈中发现，绝大多数受访对象也表现出了与网友相同的观看感受。

显然，这次的煽情有点儿不对路。

此外，从表现策略上看，一些瑕疵比较明显，也影响到了大众对唯品会的形象认知。

广告中的人物形象是人们最容易接受暗示的一种广告要素，与其他广告形象相比，人物形象具有传达广告信息上的高效性，这种高效性促使广告人物形象更容易被受众所接受和理解。

一则传播有效的广告所表现的内容，往往是把目标消费人群作为广告中的典型人物，把目标消费人群熟悉的生活细节作为典型广告场景。广告场景贴近受众真实生活，也更能引起共鸣。

然而，唯品会的广告人物形象选择的偏差，使受众不能有效地理解广告。前面提到过，唯品会的受众目标主要是20～40岁的女性，而在这个系列广告里，出现了一些与目标受众形象不吻合的人物，如高中女生和打篮球的男孩们。这两类人群在广告中的出现，只会模糊目标受众，降低受众对唯品会的认识和理解程度。

（三）虽然“被欺骗了感情”但还是喜欢着唯品会

这个系列广告的策划者，虽然抓住了人们不擅于表达爱的这种状况，利用了生活中看似平常却很暖心的小事，作为创作这则广告的关键点，深深地打动了观众，但是，故事全程没有唯品会的标志，在受众心里也没有任何品牌铺垫，结果导致最后活动标语出现时，显得有些突兀。在我们的调查中，过半数受访对象认为“被欺骗了感情”。

不过还好，整体上，受访对象对唯品会这个品牌还是充满好感的。上文所说受众在刚刚结束广告观看时多少有一些被愚弄的感觉，但在观看结束一段时间后，感动就成为主基调，因此并没有真正影响受众对唯品会的好感度。

四、请广告人对受众多些尊重，对品牌多些理解

综上，这个系列广告并没有很好地为“12·8周年庆大促”活动达到预热的目的，没有充分传递活动所能带来的“惊喜”。

该广告在树立品牌形象上，因故事主题设置出现偏差，没有有效强化

唯品会本来的品牌形象，成了一个为煽情而煽情的广告。

随着近几年的“消费升级”，越来越多的品牌运营团队意识到广告制作上情感感召的重要性，即广告要做到两点：第一用目标消费人群熟悉的故事和场景作为载体，增强情感代入；第二将故事的情感与品牌建立纽带，引发共鸣。

不管是百雀羚《你应该骄傲》广告的民族自豪感、招商银行《世界再大，也大不过一盘番茄炒蛋》广告的暖心亲情、999 感冒颗粒《总有人偷偷爱着你》广告所表达的温暖，还是雀巢《我们一生会遇到多少人》的广告，每个“刷屏”广告都精准击中了人们的内心深处，但里面的大多数只是完美地做到了第一点,第二点能够做到完美的少之又少。

我们认为，能表达出直击人心的情感的广告，仅仅是一个出色的影视作品，但作为品牌形象塑造的助推器、品牌活动宣传重要组成部分的广告，还要发挥联结情感与品牌纽带的作用。

同时，要慎用煽情，不要过度“消费”消费者，潜意识里要对受众多一份尊重和真诚。

（案例撰写：杜亚敏 张莹 张冉）

案例 5：糊了的番茄炒蛋，“凉凉”的留学信用卡

——招行留学信用卡“番茄炒蛋”视频广告作品评析

2017 年 11 月初，招商银行推出一支争议比较大的广告——《世界再大，大不过一盘番茄炒蛋》。

人们对它褒贬不一。有人认为广告情节感人有共鸣，有人认为“三观不正”，有人认为内容与品牌关联太弱很失败，但无论如何这则广告引起

了大量的转发与讨论。

针对此广告，通过初步的调研和诊断分析，我们认为整体上这是一次“红了广告，凉了产品”的传播活动。

一、广告背景与传播目标

针对近十年来留学市场的持续升温，招商银行推出了招商银行留学信用卡（附卡[1]），主要面向留学生家庭，为其提供留学信用卡金融服务，满足父母与子女两方的需求。该产品于2017年10月初上市。

招行信用卡品牌团队选择在新产品上市期主打情感路线。2017年11月1日晚，由杭州有氧数字（YOYA Digital）为招商银行留学生信用卡拍摄的广告——《世界再大，大不过一盘番茄炒蛋》（简称“番茄炒蛋”视频）在朋友圈中开始大规模传播。

这则广告以H5页面的形式展现，以视频为主，辅以四张图文。该广告在原发的H5页面中，视频播放完毕后可直接了解产品详情、进行信用卡申请。也就是说，在一个H5页面上，形成了观看广告、深入了解、完成消费的完整链条。

不难看出，该广告的目标就是推广留学生信用卡，推动更多人申请使用。具体讲，应该是：①提升产品知名度，增加发卡量；②提升品牌形象，提升公众的品牌好感度和美誉度。

为了探求这则广告的真实功效，我们通过小范围问卷调查、专家深度访谈、二手文献分析等手段，进行了小范围调研。虽然所得数据样本或结论观点不那么科学严谨，但多少还是能说明问题的。

1 附卡即附属卡，是相对于主卡而言的。每个开信用卡主卡的持卡人可为其他具有完全民事行为能力的自然人，或年满13周岁的具有限制民事行为能力的自然人申请附属卡，父母帮孩子代办的情况比较多。

二、效果判断与成因分析

（一）火爆的“番茄炒蛋”视频

从“番茄炒蛋”视频本身的关注度看，收获了广泛的社会关注，引发网络热议，从表面上看这似乎是一次非常成功的广告传播活动。

自2017年11月1日广告发布当日起，这则“番茄炒蛋”视频就在互联网中被广泛传播开来，并引发了很多网友的评论。

仅在新浪微博，两周内的播放量就达到20万次。微信中“番茄炒蛋”关键词指数当天暴增68倍，达到2445万，远远超过“王者荣耀”“放假”等关键词。

就其“火爆”的原因，首先是话题性强，容易引发情感共鸣。广告故事简短易懂，受众很容易被带入故事情节中。另外，根据情景设定、广告文案可以看出，该广告的目标群体非常明确，那就是留学生家庭。

如今，出国留学已经成为一股热潮。这一关注度极高的社会现象，促使这则广告的人际传播效果非常好。“想留你在身边，更想你拥有全世界”“你的世界，大于全世界”两句文案，直击人心，让很多父母潸然泪下。

正如专家评价的：“整体上看，这是一则不错的商业电视广告——故事温情走心，富有感染力，能够引起不少留学生的共鸣。”

其次，传播渠道对路，话题对口。这则“番茄炒蛋”视频广告是在微信朋友圈逐渐传播开来的，选择微信朋友圈进行传播是一个非常合适又聪明的选择。

据调查，几乎每个中国留学生的家长，都要参与几个家长群，很多被国外高中或大学新录取的中国学生，家长们要做的第一件事，就是进到这所学校的“中国留学生家长群”，因为留学录取后的人群，在微信上的集中度非常高。

这是一群既幸福也承担着常人不易理解的思念之苦的特殊人群。凡是与留学生有关的话题，这些家长有着本能的敏感与热情，而微信朋友圈，正是他们的聚集地，也是话题的发酵池。

所以，当家长们发现有这样一个理解自己的感人视频出现时，怎么能不分享到微信群和朋友圈？当看到一些言论借题发挥时，又有哪个家长不知道，孩子小小年纪去到陌生世界，要面对怎样的孤独与压力？在这样对感人故事“刚需”的微信朋友圈中，这则广告的出现不偏不倚，正中靶心。

最后一点就是这个视频引爆了“巨婴”话题。数据显示，新浪微博上参与“番茄炒蛋”视频刷屏讨论的人，九成是因为“感动”或“愤怒”。具体讲，就某社交问答网站上关于“如何看待视频‘番茄炒蛋’刷屏”这个问题的讨论看，“吐槽巨婴”和“别黑留学生”等言论占到多数。

（二）失控的“番茄炒蛋”广告

一是“番茄炒蛋”视频与广告信息的关联度被稀释了。这则广告最开始“控制”得很好，到后来就慢慢脱离了轨道。

最开始，该视频广告选择投放在微信朋友圈。这对于留学生家庭这个群体的特点，以及这则有话题性的广告的传播来说，都是非常合适的。但是从“番茄炒蛋”视频被独立出来并在其他平台上进行单独转发的那一刻开始，这则广告的传播就失控了。

结果是，对于单独出现的“番茄炒蛋”视频，大众不清楚也不关心这是谁的“番茄炒蛋”，甚至还以为这是个公益广告。在小范围调查中，当被问及“是否记得是哪个品牌的广告”时，超过半数的人只记得是“某银行”或是“什么信用卡”，但具体是哪个品牌却并不清楚，还有很多人只记得“番茄炒蛋”视频看到最后发现好像是个广告。

正如专业人士分析的：“一则好的广告，感动肯定是不可缺少的一部分。但感动不是目的，行动才是目的，感动和行动之间应有一个连接，把产品和故事结合在一起，才是一则好的广告。”

实际上，在微信上推广这则广告时，最初以 H5 页面的形式出现，有完整的营销链条，可以达成产品购买。但是，当这则广告被单独拿出来在微博上转发评论时，这则“番茄炒蛋”视频就失去了必要的营销支撑，受众对这则广告背后的品牌和产品就知之甚少了。

二是话题走向越来越偏离传播主题。不仅仅是传播上的失控，人们对于该视频的关注点（舆论）也逐渐偏离了传播的初衷，最后没多少人关注“留学生信用卡”这个产品和“招商银行”这个品牌，更多地在讨论当今教育该何去何从、现代教育存在哪些问题等，大家热烈讨论“番茄炒蛋”视频假不假，内容感动不感动的时候，已经忘记了广告原本品牌的存在。

有很多留学生对这个“番茄炒蛋”视频本身的内容并不买账，并不认为留学生有这么笨，有这么放肆地消耗父母的爱。

这则广告的主要受众是留学生家庭，这也意味着不仅是留学生的父母，还有留学生本人。若连留学生群体中也有很多人不认可这个广告，甚至反感，我们是否可以认为这则广告在某种程度上是失败的？

三、总结：自媒体时代反应速度快就是胜利

招商银行的留学信用卡，作为一个新上市的产品，还处于导入阶段。但这则广告，却企图通过感性诉求的方式打动和吸引消费者。这对于新上市的产品来讲，是难以带来实际销售效果的。

这是典型的诉求策略出了问题。

就本次招商银行留学信用卡的营销来说，快速提升产品知晓度，引发目标人群的兴趣和使用意愿，是首要任务。

但是，就本次传播结果看，却是“火了视频，凉了产品”，至少产品没有获得同等关注。这是因为，整个“番茄炒蛋”视频没有就该产品进行必要的介绍说明，产品信息严重缺失。从后期的传播动作看，也没有看到招商银行留学生信用卡团队实施有影响力的传播导引，并没有及时将“番

茄炒蛋”的视频热度与产品销售成功连接起来。

可以想象，招商银行及本次创作团队自己也可能完全没想到这个“番茄炒蛋”视频会火爆，因为事后反应迟钝，以至于错失借势营销的良机。

实际上，招商银行完全可以借势自己的“番茄炒蛋”视频的刷屏事件，如及时推出“迭代”的“番茄炒蛋”视频，或者再发布一则产品广告接力“番茄炒蛋”，将产品和视频关联起来，让更多人在关注和转发视频时，知道这是招商银行留学信用卡的广告。

如果是这样，就不至于眼看着“番茄炒蛋”视频都快“糊”了，产品却没热起来。

（案例撰写：虞韫菡）

案例 6：没有明确行动指向的公益广告是残缺的

——海绵城市“雨先生”篇公益广告作品评析

“我们躲了一辈子雨，雨会不会很难过？”邂逅了这句话，你有没有萌生许多感触与共鸣？今天，我们希望可以向你述说一些相关的事情：难过的确实是雨，而束手无措的则是受众。

一、广告背景与传播目标

“雨先生”篇公益广告是继“海绵城市”的第一部公益广告“雨汇”篇之后的第二部作品。

（一）海绵城市

海绵城市项目是许多国家提出并正在实施的一种新的城市雨水管理

技术和理念，目前在我国还处于发展起步阶段。

2012 年 4 月，“海绵城市”概念首次被提出；2013 年 12 月被正式提出。国家领导人在中央城镇化工作会议的讲话中强调，提升城市排水系统时，要优先考虑把有限的雨水留下来，优先考虑更多利用自然力量排水、建设自然存积、自然渗透、自然净化的海绵城市。

随后，政府相关文件对“海绵城市”的核心职能给出了明确界定：①城市能够像海绵一样，在适应环境变化和应对自然灾害等方面具有良好的“弹性”，下雨时吸水、蓄水、渗水、净水，需要时将蓄存的水“释放”并加以利用；②提升城市生态系统功能和减少城市洪涝灾害的发生；③对传统排水系统“减负”和补充，最大限度地发挥城市本身的作用。

国务院办公厅于 2015 年 10 月专门印发《关于推进海绵城市建设的指导意见》（国办发〔2015〕75 号），部署推进海绵城市建设工作，最大限度地减少城市开发建设对生态环境的影响。根据计划，到 2020 年，城市建成区 20%以上的面积要达到标准要求；到 2030 年，城市建成区 80%以上的面积达到要求。

（二）广告内容

海绵城市项目的“雨先生”篇公益广告于 2017 年 8 月，由腾讯公益、大自然保护协会（TNC）、桃花源生态保护基金会、腾讯 CDC 和腾讯新闻携手推出。

该广告将日常生活中屡见不鲜的雨水，化作一位中年先生，将其与人类相处的历程跃然现于屏幕之上。从落至人间与人类相处，到遭受各方面的嫌弃与破坏，到最后被“海绵城市项目”拯救，至此开始阐述海绵城市项目。

“雨先生”的经历一波三折，仅凭内容，足够引起人们的共鸣，且令笔者在内的万千受众感慨不已。

就其主要目标受众看，根据海绵城市这个项目所涉及的人群，应该包括城镇居民、城市的运营管理者等。由于该广告主要在腾讯视频平台推出，由此大致可以推测，该广告是向视频网站的重度使用人群——18～35岁的青年人进行传播的。

（三）传播目标推定

依据广告内容和相关背景资料，本次广告的传播目标可以大体归纳为如下几方面：

(1) 让大众改变对城市雨水（价值）的认知，在日常生活中妥善利用和保护城市雨水资源。

(2) 让大众充分认识海绵城市项目的重大社会价值，提高目标人群对该项目的了解程度，增加大众对其的理解和支持。

(3) 增加大众对政府城市管理（建设改造）行为的理解和支持。

(4) 提升相关公益机构组织在相关领域的知名度和影响力。

二、效果判断与成因分析

为了更好地支持我们的判断，研究小组专门找到了10位目标受众进行了简单访谈，同时发放了200份问卷。虽然所得数据不具有充分的科学性和严谨性，但至少能说明一些问题。

（一）认知有偏差，记忆效果不理想

我们有必要先确认一个基本问题：通过该广告，大众是否更加了解“海绵城市”项目。

针对此问题，通过小范围访谈发现：①将近80%的受众全然不清楚该广告意图表达什么；②一半的受众认为这则广告是在宣传“保护水资源”；③大约3/4的受众表示从未听说过“海绵城市”项目，而真正有一定了解的不到10%。

这一结果几乎与广告的预定目标相差甚远，而造成这种结果的原因又是什么呢？我们认为主要有以下两方面。

其一，“保护水资源”与“珍惜水资源”有着较大差异。保护水资源是一个大众更加熟悉的环保命题，它主要包括：①对江河湖海等自然水资源的保护，避免污染；②节约用水，避免浪费。而“珍惜雨水资源”，则主要体现为对自然降雨的城市雨水资源的保护和再利用。一方面尽量减少雨水流失，增加利用率，如作为储备水可以用来灌溉城市绿植、美化环境，可以净化后作为中水使用；另一方面减少雨水污染，保护雨水清洁，如减少生活用水（如洗车）的无序排放，以及其他环境问题导致的雨水资源污染等。

若广告创作人员没有深刻理解以上主题的区别，就容易导致受众的误解。很显然，“雨先生”篇公益广告的重点应该是倡导大众对城市雨水资源的充分利用和避免污染，其前提是改变大众对雨水资源价值的认知（现有的大众认知多偏向于负面，认为雨水是麻烦）。

很显然，这个广告没有意识到大众固有认知（保护水资源）的强大，进而没有较好地让大众认识“保护城市雨水资源”的重要性，结果就直接影响了大众对“海绵城市”的价值认知。

其二，“海绵城市”本应是这次传播的重点，但实际上突出不够。该广告时长超过 2 分钟，类似于微电影。大量桥段都在描述“雨先生”遭遇的各种“不受待见”，最后的画面才突出“海绵城市”的核心任务——挽救“雨先生”。

然而，由于主创人员将剧情设置得过于“隐晦”（该广告整体采用拟人化手法），大众无法准确理解“雨先生”的所作所为，如“雨先生进了咖啡厅”这个桥段，就令人不解：难道是由于咖啡厅过于破旧而漏雨了？

当最后“雨先生”被象征海绵城市的“救生员”从大海里拯救出来时，才开始出现“海绵城市”的信息。广告的本意是讲“海绵城市”是城市雨水的拯救者，但是由于大众对“海绵城市”的已有认知了解极为有限，所以最后拯救“雨先生”的桥段也让人一头雾水。

显然，主创人员高估了大众对“海绵城市”的已有认知（虽然之前已经有了科普性的“雨汇”广告）。可能这正是该广告效果不佳发生的根本原因。

此外，该广告采用拟人化手法，将“城市雨水”化作中年男士“雨先生”，把一个抽象的问题具象化，无疑是整个广告的一大亮点，让广告的可观赏性大大提高，而且有关“雨先生”的相关桥段，也充满冷幽默，很容易让人想起一首诗：

你说你喜欢雨，

但是下雨的时候你却撑开了伞。

你说你喜欢阳光，

但当阳光播撒的时候，

你却躲在阴凉之地。

你说你喜欢风，

但清风扑面的时候，

你却关上了窗户。

不过，遗憾的是，广告中“雨先生”的人设并不完美，甚至从策略层面看，存在“硬伤”。关于“雨先生”中年男士的形象，在访谈中受到了将近60%的受众的“批判”：用中年男士来象征灵动的雨，未免显得些许沉闷，他并未使雨变得可爱起来。

（二）大众不讨厌广告但不知道该怎么行动

认知与记忆，将直接影响态度与行动意愿。那么，该广告对目标人群的态度和行动意愿影响效果如何呢？

我国公益广告多数只有告知和劝服的传播目标，而对行动意愿却鲜有涉及。这是我国公益广告的“平均水平”，而“雨先生”篇公益也不例外。

由于主创者在表现手法上有一定新意，所以大众对该广告还是比较喜欢的，至少不反感。但是，对于该广告重点宣传的“海绵城市”，依然缺乏了解，更谈不上支持。就个人行动层面，由于过半受众将该广告的主题理解成了“保护水资源”，所以在如何珍惜城市雨水资源上，估计难有作为，对于该如何珍惜利用城市雨水资源，广告实际上也没有给出明确指引。

此外，几乎没有人关注到参与制作该广告的相关公益机构。

如此说来，这则公益广告的传播目标难以实现。

三、总结：这个公益广告可以更有效

综上所述，就这则广告而言，显然在确立传播主题时出了问题。其没有将大众熟知的“保护水资源”和“珍惜城市雨水资源”这两个概念真正区分开，结果在演绎主题时，导致大众认知偏差。这属于主题策略出了问题。

这一点也与必要的文案缺失有关。一则成功的广告，总会有经典文案能够画龙点睛并令受众记忆犹新，如“说好普通话，走遍神州都不怕”的公益广告文案，以及“怕上火喝王老吉”的商业广告文案等。而说到“雨先生”，我们却看遍广告也难以发现有可以为受众答疑解惑的文案。

此外，在剧情设置和人物形象设定上，也存在瑕疵。一方面，剧情设置稍显啰嗦，节奏偏慢，不够紧凑，无关细节太多，导致核心信息缺乏足够的曝光时间。另一方面，人物形象设置缺乏策略性，无法有效诠释主题。让一个中年男士来演绎“雨先生”的可爱魅力，进而让大众认可接纳，显然不合主要目标人群的胃口，这是表现策略上出了问题。

不过，该广告也并非一无是处。正如前文所述，该广告采用拟人化手法，将抽象问题具象化，无疑增加了艺术性，提升了关注度，符合网民的信息接收习惯。这是诉求策略上的一大亮点。

因此，若要改进该广告，一是剧情设计上可以更紧凑精练些，二是人物设计上可以更青春灵动可爱些，三是广告文案可以再充沛到位些，四是有关海绵城市的信息可以再丰富些。或许如此按部就班做下来，“雨先生”的广告效果会好一些。

总而言之，即使是公益广告，也应该有着清晰的传播主题和明确的传播目标，始终以达成目标为策略导向。

无论何时，没有明确行动指向的公益广告无疑是残缺的，对传播方和目标受众都是不负责的。这是对社会资源的浪费。

是问题，就得整改。愿中国的公益广告都越来越有效。

（案例撰写：刘宇岚　沈文涵）

案例 7：再不“疯狂”你就老了

——对加多宝电视广告作品评析

毫无疑问，今天的加多宝急需一次“疯狂”的转变。在此以 2018 年加多宝在央视黄金时段推出的新广告为例，希望能借此探讨加多宝的品牌年轻化之路。

一、广告背景与传播目标

加多宝集团（简称加多宝）是一家以香港为基地的大型专业饮料生产及销售企业。加多宝旗下产品包括红色罐装、瓶装、盒装“加多宝”和“昆仑山雪山矿泉水”。

1996 年之后的十多年，加多宝成功运营王老吉红罐凉茶。2012 年，加多宝开始推出自有品牌“加多宝”凉茶。2018 年，红罐加多宝回归。

然而，2017 年 8 月，加多宝等凉茶品牌集体陷入经营困境，品牌老化，销售额下滑。

市场突围与品牌转型，已然成为加多宝不得不面对的现实。在此背景下，2018 年加多宝在央视黄金时段重磅推出了新广告。

广告播出时间是《新闻联播》后第一单元正一的位置，是黄金资源中的黄金资源。《天气预报》与《新闻联播》同是中央电视台晚间最强黄金段栏目，此栏目与人们的生活息息相关，这与加多宝凉茶的健康理念十分吻合。

在最新的加多宝广告中，我们发现其中的一些微妙变化：开头传统吃火锅的产品消费场景，一改往日画风，采用了灰色调；在年轻人聚会中，出现特写镜头，有意增添青年男女谈情说爱的场景。这些与之前加多宝广告的节奏、调性、叙事风格，明显不同。

通过这些变化，就本次的广告目的，我们不妨可以大胆推测：在产品定位上，广告开始由原来突出“防上火”的功效诉求，开始转向精神诉求。再进一步推测，我们认为加多宝希望借助该广告，由功效饮料变身为大众饮料。

由此笔者认为，加多宝的央视广告传播目标明确：

（1）保持必要的品牌声量，以提醒注意和强化记忆。

（2）通过央视国家级媒体的背书，凸显行业“老大哥”的品牌形象。

（3）淡化功能诉求，强化精神利益诉求，将一款功能饮料逐渐大众化。但至于成为什么样的大众饮料，恐怕加多宝还没想好，这也正是本次广告的问题所在。

笔者认为，本次广告投放的第一、第二个目标很容易实现，其高举高打的投放策略，可以轻松实现上述目标。

但问题是，第三个涉及品牌升级转型的目标能实现吗？我们的观点是，本次广告对品牌转型几乎没有作用。

为了确认推断，我们进行了小范围调研。为了评估这则广告对消费者产生的认知与记忆效果，通过问卷调查法，随机发放，共搜集了105份有效样本。虽然所得数据或结论观点不那么科学严谨，但是多少还是能说明问题的。

二、认知与记忆效果

（一）大家看到的依然是“老面孔”

在凉茶界，加多宝与王老吉齐名，甚至品牌声量更大，大众更熟悉，但是日子久了，大家就会产生审美疲劳，而新广告却没有给大家带来新鲜感，依然是老面孔，如依然是“怕上火……”，依然是红黄罐，依然是“吃火锅”。

我们认为，广告创意的老旧归根结底还是加多宝本身不想舍弃“正宗、传统、预防上火”等原本具有强大竞争力而如今并不有效的核心诉求。这一点也体现在了它的产品上。的确，老品牌的产品保持稳定的口味很重要，但在用创新的产品来维系老顾客的同时，吸引新顾客同样也很重要。

在进行后续深度访谈时，受访对象就称：加多宝凉茶口感不好，包装没有新意。单拿包装来讲，“瓶身营销” 本身就自带社交属性。可是加多宝的瓶身不外乎红、黄两种颜色。

有受访对象对此直接表示：“希望加多宝下次换一种包装吧！我觉得瓶子上可以试图和消费者互动一下！”

如果说，在以前瓶身只是传统的作为品牌的展示窗口而已，那么，随着营销手段的不断升级，瓶身早已超越了简单的包装功能，成为了连接品牌与消费者的绝佳载体，明明是最有机会能和消费者进行沟通的地方，可是加多宝似乎完全没有改变自身包装风格的打算。

此外，在调研的过程中，我们还发现近七成的人将王老吉和加多宝混淆，这些消费者普遍认为“王老吉就是加多宝，加多宝就是王老吉”，可见加多宝在广告和产品等方面，是时候要找到自己的特点，将自己与王老吉区分开来了。可以先从广告语突破，要不然，很多人看完加多宝的广告，记住的却是“怕上火就喝王老吉”，多尴尬。

（二）“调情”失败，没有记忆点

针对广告中出现的青年男女谈情说爱的场景，有受访对象表示：“我觉得里边男女的细微举动和加多宝本身想传达的‘预防上火’没什么关系啊……不知道想表达什么。”调研显示，这种费解并非个例，而是很普遍，超过 2/3 的人表示“理解不了男女谈情说爱的点”。

看起来它想以“故事”传达品牌特色，营造一种全新的、年轻的氛围，可是这个年轻化的故事突出得又不够，暴露时间过短，没有进行必要的展开，导致最后又似乎回到了“产品广告”上。

于是，广告中多种元素混杂，场景堆砌，让消费者并不理解加多宝在广告中所要表达的意图。数据显示，超过六成的人觉得该广告“画面杂乱”，超过四成的人觉得“颜色太过花哨”。这样的广告大家又怎么会有兴趣去记住呢？

没有准确定位，人们就无法对一个品牌有准确的认识。换句话说，人家根本不知道你在做什么！

我们可以理解，加多宝想通过找到有故事的人为品牌赋能，实现品牌与消费者的情感连接。但是，这个故事却以失败告终，为什么呢？

作为一个凉茶行业的老品牌，如何能“勾搭”年轻人，让年轻人觉得“预防上火”有意思或有必要，才是关键所在，而不是盲目刻意地穿插一些“年轻化”的元素。

广告应用年轻人的语言与之沟通，用年轻人的视角表达产品，用年轻人的价值观传达品牌理念。

因此，就目前来看，即便加多宝有意弱化“预防上火”的卖点，但在短期内仍无法实现卖点的转变。加多宝广告这次的场景拓展，没有让消费者产生消费转变，反而觉得这种拓展与凉茶饮品有些不搭调。

三、态度与行动意愿

毫无意外地，大家对这则广告没有太大感觉。数据显示，近五成的人认为这个广告创意老旧、毫无新意。虽然加多宝此次已在弱化聚会、吃火锅等大家最熟悉的产品消费场景，但似乎消费者并不买账，对广告的负面感受远远大于正面感受。

就看完广告之后大家的行动意愿看，约七成人看完这则广告后没有想要购买产品的欲望。我们随后又随机进行了微信访谈，询问他们对于这则广告的态度如何。类似“加多宝这几年一直都是在表现聚会的场面，真的看腻了！”这样的表达，成为主流“民意”。

在我们看来，很多时候年轻消费者关注的不是产品本身，而是互动体验，他们希望可以参与其中，实现他们的新奇想法。只要能够做出满足他们这种“年轻态度”的产品，他们愿意为此花费大量时间与金钱。

四、结论

可以看出，不管广告中是否出现了“爱情的火花”，加多宝主观上想作何改变，受众感受到的依然是那个熟悉的加多宝。这则加多宝广告没有给人带来全新的品牌体验，没有激发年轻人的消费欲望，甚至没有留下什么记忆。

方兴未艾的新品牌借助数字技术展开的品牌营销，可谓来势凶猛。作为老品牌的加多宝，如果再不真正“疯狂”一把，恐怕就真的就老到“走不动道”了！

从现在到将来，加多宝的路还长！

（案例撰写：钱蔚 李诗煜 马思蕊）

案例 8：广告“姿势”很重要

——世界杯期间知乎电视广告作品评析

2018 年世界杯比赛期间，出现了几则“洗脑”广告，让大众目瞪口呆。其中，就包括我们日常常用的一个社交平台——知乎的广告。

“你知道吗？你真的知道吗？你确定你知道吗？你真的确定你知道吗？……”说出这句“洗脑魔性”广告文案的知乎，仿佛一改往常严肃、“高格调”的形象，给人传递一种接地气的感觉。

观看过这则广告的大众对其褒贬不一，但从知乎社区的反应来看，很多老用户对这则广告表现出极大的反感和不满。

但事实真的如大多数有不满情绪的人所言吗？知乎的广告品位和“格调”真的在迅猛下降吗？在没有做一定的分析之前，是不能妄下定论的。

一、广告背景与传播目标

（一）快速发展的知乎

对于内容平台，高质量内容是衡量其水准的重要依据。高质量内容一直以来是知乎的一个优势，甚至知乎在其最初的用户心智中的形象，就是互联网媒体中“优质”“原创”“专业性”的代表。

通过话题寻找自己感兴趣的领域，再通过点赞数甄选优质的内容，这已经成为知乎用户最为便捷的寻找自己需求内容的方法。

然而，随着用户数量暴增，知乎在其产品上出现了较大的变化。内容质量的下降，广告数量的增多，老用户的流失等问题，开始发生在知乎身上。是知乎忘记了初心，还是拥有了更大的梦想？我们可以从广告营销和产品定位的角度去分析。

（二）知乎广告的传播目标

那些年的知乎，一直在做一件事情，就是借助品牌广告，在大众心中形成强烈的“高格调”品牌认知。

2015 年 7 月，知乎曾在地铁投放过一系列名为“知乎，认真的问答社区”的平面广告。这也是知乎开放注册两年后，首次大规模投放广告。

广告图片选用了海明威、薛定谔等名人形象，以展现知乎“文艺且高品位”的气质。

广告为了获得老用户的认可，文案也采用了经典的知乎风格，比如：海明威，34 岁，打破自己的钓鱼纪录。距离回答“你最神奇的经历是什么？”写下高票回答《老人与海》，还需 36 个简洁有力的开头。

这次平面广告的主要目的是让那些在知乎网站之外看过知乎产出的内容，却未真正进入知乎社区的用户，认识、了解甚至真正开始使用知乎。

2016 年是知乎创立的第五年，借此机会知乎推出了一则品牌广告，并在春节期间作为《功夫熊猫 3》《美人鱼》这两部贺岁片的映前广告播出。

知乎市场部负责人魏颖曾为此做出了这样的解释：“其实我们投之前特地去看了同一个档期投的品牌广告，基本都是喜气洋洋、热闹感比较强的。在一众热闹的广告中，冷静而朴实的风格，反而显得更突出了。作为平时上班很忙的职场人，在长假放松的时候，反而会思考一些本质性的问题。我觉得这是个好的契机。”

曾经的知乎连自家品牌广告投放在哪部影片放映前都考虑周全，难怪这则广告一经播出就吸引了大量网民涌入知乎。数据显示，2017 年知乎的用户就已突破 1.6 亿，日活跃用户也超过了 3000 万，人均日访问时长达 1 小时，月浏览量 180 亿单页点阅率，拥有提问 2100 万条，回答也达到 8200 万条。

这则四连问“贴片”广告，只是用四个简单又直接的问题——“为什么努力”“为什么爱”“我是谁”“世界在哪”——串起了 4 个故事。问题虽然只是短短几个字，却个个都值得深思。有趣的是，对于这 4 个问题，知乎在这则广告中给出了这样的回答——“没有答案，一切依然存在”。同时在广告结尾给出后半句——“存在，因答案而不同”。

相较于之前的地铁平面广告，知乎在五周年之际推出的这则四连问“贴片”品牌广告，则是为了让知乎的用户更了解知乎，并且对问答社区的品牌定位产生认同。

这样看起来高级却又明了的内容，让那些非知乎人士一下子就明白了知乎这次想表达的意思：知乎是一个开放讨论的问答社区，不会给用户带来封闭式的标准答案，让受众建立起“探索”“开放讨论”的品牌认知。知乎，作为“认真的问答社区”，就这样出现在你我面前。

2018 上半年，知乎推出品牌广告《发现更大的世界》，全片都体现着高级的画风，片中用了大量特效串起了 31 个知乎问题，某种程度上也呼应了社区用户的互相连接，很是贴合主题，想象力丰富，空间跨度大，非常的“高格调”。

显然《发现更大的世界》这则广告的主要受众是知乎的老用户，但对于非知乎用户，看完之后也能对知乎有清晰的认知，了解知乎是什么，以及知乎想要什么。这则知乎品牌广告既不过分矫情，也能将需求诉说清楚，一切都恰到好处。最关键的是，知乎在这则品牌广告里让我们看到了清晰的品牌主张：知乎，发现更大的世界。

除此之外，你可能还看到过知乎在世界杯比赛期间推出的《有问题，上知乎》的知乎 App 广告。就其目标而言，主要有：①强化目标受众对知乎的品牌印象，提高知乎的知名度；②向受众介绍知乎作为大众问答平台的功能，让公众形成“有问题，上知乎”的品牌认知是此次知乎 App 推广传播最直接的目标。

二、效果判断与成因分析

不知道各位观众在看完知乎世界杯期间的这则广告后，是否会觉得这种感觉似曾相识。其实不难发现已经有很多则同类型的广告在电视荧屏上投放，直截了当或者潜移默化地在给大众“洗脑”。

第一则是多年前称霸屏幕的溜溜梅广告：“你没事吧，你没事吧……没事就吃溜溜梅！”

第二则是在世界杯比赛期间投放的旅游 App——马蜂窝的电视广告：“旅游之前……为什么要先上马蜂窝？旅游之前……为什么要先上马蜂窝？旅游之前……为什么要先上马蜂窝？旅游之前，先上马蜂窝！”

第三则也是在世界杯期间投放的，BOSS 直聘的电视广告。不同于前两则广告中重复同一句广告语，BOSS 直聘广告直接找一群人不停高呼：“找工作！上 BOSS 直聘！找工作！直接跟老板谈！升职！加薪！找工作！上 BOSS 直聘！”

那么在这些“洗脑”广告中，广告效果到底是否能够达到广告主的预期标准呢？在认知记忆上，重复性的灌输对于观众记忆来说是一种很好的方式，大多数人在观看完这类广告后，一段时间内脑海中都会一直回响着这些广告语，这对于提高对产品的认知，加强品牌记忆来说，是一种简单粗暴的方式。

但是，这种被人称之为“恶俗”形式的广告，的确极容易引起观众反感，让产品很容易被贴上没深度、没营养的标签，给品牌形象的树立、品牌好感的提升都带来了一定的风险和威胁。

如此，我们结合知乎这则电视广告及以上三个案例，再次发问：这样的“洗脑”广告，真的是失败的吗？真的是这些品牌和产品品位不断变低的表现吗？

我们可以根据特劳特经典“定位理论”的延伸，把品牌的运营划分为：劈开脑海、补充记忆、品牌升华三个阶段。所谓劈开脑海，是指进入消费者的心智；补充记忆，是指丰满品牌；品牌升华，是指与消费者找到情感的共鸣。

很明显，我们今天所讨论的这类“洗脑”式广告，主要目的就是做好劈开脑海这第一个步骤。不得不说，它们运用重复、直白广告文案灌输的方式，在“轰炸”消费者的心智、让消费者被动或主动了解产品从而提高产品的知名度上，起到了不容小觑的作用。

要知道，知名度是品牌存亡的关键因素。根据知乎在移动端的搜索指数来看，世界杯比赛期间广告的投放，的确为产品带来了很大的搜索量增长，在提高知名度上确实给人情理之中的“小型爆炸”。

但不可否认的是，这些广告在一定程度上，对品牌的形象也有损害。很多已有的用户表示“不忍直视”，甚至称已经卸载了软件。很多知乎的老用户对于这则广告的评价十分低，甚至表达了自己对于知乎如此“糟蹋”自己产品形象的失望和不满。

三、高速成长后路在何方

从最初需要内部邀请成为会员的精英型小众问答社区，到开放注册拥有几千万用户的社交平台，随着用户和内容的增加，现在的知乎还是曾经的知乎吗？

2018 年上半年，知乎的商业广告营收额相比去年同期增长 340%，在这种时刻知乎以这个广告为转折，开始通过牺牲优质内容和高质人群，扩大用户数量，以流量优势实现价值收割。

然而，用户的增加对于知乎的内容质量和产品定位必然带来潜在风险，知乎本身“小而精”“高格调”的标签在大流量的大众用户下受到冲击，用户对产品的认知将发生改变，高质量用户流失，高质量内容被稀释。

新用户增长过快，对于产品的需求产生不同的取向，知乎的产品内容如果不能及时更新，那么产品的口碑也会产生负面影响，新用户的价值有限，而优质老用户却弃它而去，那将得不偿失。

看到“有问题，上知乎”，大众的第一反应往往是：“有问题”不是“百度一下”吗？难道知乎要变成百度？也许，知乎自己也不知道自己将变成什么样。

我们不求“知乎”一直保持高格调，但至少，在广告文案上应该多些原创才是，要不然怎么好意思叫自己“知乎”？

（案例撰写：许馨月 王彦博 贾丽娜）

反侵权盗版声明